Catherine Blake

Geliebte Mama

Ein Sohn bekennt sich

ROMAN

Edition Combes
im Verlag Frank de la Porte
Frankenstraße 17
D-96328 Küps

ISBN 3-932416-06-6

Vorwort

Mein Name ist Catherine Blake. Ich bin Psychiaterin und Sexualtherapeutin und habe meine Praxis in New York. Ich beschäftige mich ausschließlich mit Fällen, in denen die Sexualität der Patienten von der sogenannten Norm abweicht. Ich verstehe darunter nicht unbedingt abnorme Neigungen. Nein, bei meinen Patienten handelt es sich um Fälle, in denen sie das Gefühl haben, daß mit ihrer zwar ungewöhnlichen, aber überaus normalen Sexualität etwas nicht stimmt und sie deshalb in seelische Konflikte geraten sind.

In den meisten Fällen ist es mir bisher gelungen, das seelische Gleichgewicht der Patienten wieder herzustellen. Denn nur darum geht es. Man kann nicht über ‚Heilung' sprechen, wenn nichts Krankhaftes vorliegt. Ich lasse meine Patienten erzählen, was sie beschäftigt, was sie drückt; in manchen Fällen verschwinden dann die seelischen Probleme allein dadurch, daß sie sie ausgesprochen haben.

In meiner langjährigen Praxis habe ich die Erfahrung gemacht, daß man in meinem Beruf nur dann sein Ziel erreichen kann, wenn man sich einem Fall vollständig widmet, und zwar – was am wichtigsten ist – mit absoluter Offenheit. Es darf in diesen Fällen keine Tabus geben, sonst verhindert man selbst den Erfolg. Deshalb verwende ich auch nicht die sterile Sprache mancher Kollegen, die über Libido, Kopula-

ti on, Penis und Vagina sprechen. Der Patient oder die Patientin kommt zu mir, weil etwas mit seinem Schwanz oder mit ihrer Fotze nicht in Ordnung zu sein scheint. Oder weil sie Probleme beim Ficken haben. So nennen sie das, und ich muß sie ermuntern, die Sachen auch beim Namen zu nennen, damit sie aus sich herausgehen, sich mir öffnen können. Nur so kann ich in die Tiefe ihrer Seele blicken und dort die falsch interpretierten Sachen zurechtrücken. Um diese absolute Hingabe und dieses Sich-Öffnen den Patienten zu erleichtern, müssen sie sich völlig nackt ausziehen und sich auf meine Psychiatercouch legen. So kann ich ihren ganzen Körper ständig beobachten und auch die kleinsten Reaktionen oder Regungen registrieren, um mir ein Urteil zu bilden.

Ja, manchmal schlafe ich sogar mit meinen Patienten, ob Männlein oder Weiblein, wenn ich der Meinung bin, daß ihnen das hilft. Und ich bin glücklich, daß ich eine Frau bin. Denn ich liebe die Männer, und deshalb kann ich ihre Probleme auch verstehen. Und ich kenne die Frauen, deshalb kann ich auch ihre Probleme verstehen. Und ich kann sowohl mit Männern als auch mit Frauen schlafen, und mir selbst macht es sogar Spaß.

Soviel zur Einleitung. Ich erzähle Ihnen jetzt den Fall eines Mannes, der zu mir gekommen ist, weil er sich in seine eigene Mutter verliebte. Alle Namen und die Ortschaften habe ich geändert, um die Beteiligten zu schützen, aber die Geschichte ist authentisch. Ich gebe sie hier so wieder, wie mein Patient sie mir erzählt hat, also mit seinen eigenen Worten. Vielleicht sieht der eine oder andere Leser Parallelen zu seinem eigenen Leben und kann demnächst damit besser umgehen, sich besser akzeptieren.

Mein Patient ist jetzt im besten Mannesalter, die Geschehnisse aber, die seine seelischen Probleme verursachten, ereigneten sich in seinen jungen Jahren. Das Wort gehört jetzt ihm; ich werde nur dort, wo ich es für wichtig halte, meine Kommentare einfügen.

Mein Name ist Ben Highland. Ich bin der Sohn von Mary und Theodore Highland. Mein Vater starb, als ich erst zehn Jahre alt war, seither lebe ich mit meiner Mutter allein. Geschwister habe ich keine.

Meine Mutter ist noch sehr jung. Sie war erst siebzehn, als ich geboren wurde. Sie ist sehr schön. Trotzdem lebt sie seit dem Tode meines Vaters allein, der übrigens bis dahin der einzige Mann in ihrem Leben war. Sie hätte tausendmal heiraten können, aber sie tat es aus zwei Gründen nicht: erstens, weil sie meinen Vater innig liebte und sie den Verlust und den Schmerz, den sein Tod verursachte, eigentlich nie überwinden konnte. Zweitens wollte sie nicht, daß ich einem Stiefvater ausgeliefert werde. So lebten wir beide allein in inniger Liebe zueinander. Wir waren so zusammengewachsen, daß wir – und es ist keine Übertreibung – die Gedanken des anderen erahnten, ja, wirklich spüren konnten.

Ich habe mich an meine Psychiaterin Mrs. Blake gewendet, weil mein inneres Leben durcheinander geraten ist. Das hängt mit meiner Sexualität zusammen, deshalb werde ich direkt zur Sache kommen. Dank der Führung von Mrs. Blake kann ich über diese Dinge heute offen sprechen.

Körperlich bin ich ganz gesund. Meine Entwicklung vollzog sich in normalen Bahnen, das heißt, ich wuchs ohne besondere Krankheiten auf. Mein Körper ist gut entwickelt, ich treibe Sport, deshalb ist meine Muskulatur in Ordnung. Ich bin nicht übergroß, aber auch nicht klein, so guter Durchschnitt, aber ich bin sehr stark.

Mit vierzehn Jahren ist mir zum ersten Mal bewußt geworden, daß mein Glied nicht nur zum Wasserlassen da ist. Auch früher bekam ich, besonders morgens, eine Erektion, wegen der gefüllten Blase. Aber es war zwei Tage nach meinem vierzehnten Geburtstag, daß sich mein Glied nicht wegen der gefüllten Blase in die Höhe reckte. Ich war mit meiner Mutter in einem Museum der Schönen Künste, wo ich mehrere Gemälde mit nackten Frauenkörpern gesehen habe. Sie haben mir gefallen, aber sie machten auf mich keinen besonderen Eindruck. Erst einen Tag später passierte es. Ich trat in das Badezimmer, nicht ahnend, daß meine Mutter sich dort aufhält. Sie stand da, mit nacktem Oberkörper über das Waschbecken gebeugt, und wusch sich. Meine Mutter hat gar nicht bemerkt, daß ich eintrat. Es dauerte nur eine Sekunde, ich ging sofort raus. Aber diese einzige Sekunde reichte aus: Ich habe ihren nackten Busen gesehen.

Noch nie davor habe ich eine nackte Brust gesehen. Meine Mutter war nicht sehr religiös, sie hat mich aber sehr sittsam erzogen. Sexualität war nie ein Gesprächsthema bei uns, und ich, geführt durch das Beispiel meiner Mutter, spürte – auch ohne Verbote – was sich gehörte und was nicht. Wir sind nie unbekleidet herumgelaufen, auch wenn wir alleine waren.

Nun aber habe ich die nackte Brust meiner Mutter erblickt. Das allein wäre nicht schlimm gewesen, aber ich habe das in Gedanken mit den nackten Frauen, die ich in der Gemäldegalerie sah, in Verbindung gebracht. Und ich bekam unwillkürlich eine Erektion. Diese Erektion fühlte sich jedoch anders an als die, die durch eine gefüllte Blase ausgelöst wird. Es war etwas Lustvolles dabei. Ich lief in mein Zimmer und holte meinen Schwanz heraus. Er war hart, gerötet, meine Eichel glänzte. Ich habe ihn in meine Hand genommen und fühlte, daß er ganz heiß war. Ohne darüber nachzudenken, war mir klar, daß dieser Zustand durch das Erblicken der nackten Brust meiner Mutter ausgelöst wurde.

Heute weiß ich – dank Mrs. Blake – daß es ein ganz normales Ereignis war, damals aber dachte ich, daß es eigentlich nicht sein dürfte. Ich stand also da, hielt meinen Schwanz in der Hand, und meine Hand auf meinem Schwanz fühlte sich sehr gut an. Ich drückte fest im Glauben, daß dadurch die Schwellung zurückgeht, aber das Gegenteil trat ein. So steckte ich ihn in die Hose zurück und lauschte, wann meine Mutter das Badezimmer verläßt.

Sobald ich sie in Richtung Küche gehen hörte, lief ich in das Badezimmer und versuchte zu pinkeln, in der Hoffnung, daß dies genauso helfen wird wie jeden Morgen nach dem Aufstehen. Aber es kam kein Tropfen heraus. Ich wunderte mich, daß man mit stehendem Schwanz nicht pinkeln kann. Erst als ich mein Glied mit kaltem Wasser abkühlte, gelang es mir, meine Blase zu erleichtern.

Ich dachte dann an die Sache nicht mehr. Erst nachts träumte ich etwas. Ich weiß nicht mehr, was es war, ich wurde aber wach, und mein Schwanz war genauso erigiert wie am Morgen. Ich griff zu, umklammerte ihn, und in diesem Augenblick verspürte ich eine Sensation. Es war ein lustvolles Gefühl: Er begann zu zucken, ich fühlte tief im Inneren ein Pulsieren, dann durchlief ihn eine unbeschreibliche Lust. Es war ein spontaner Erguß. Mein Liebessaft ergoß sich zum ersten Mal in meinem Leben.

Ich machte das Licht an und schaute nach. Es war eine weißliche, klebrige Flüssigkeit, die meine Hand und meine Bettwäsche benetzte. Aus der kleinen Öffnung an meiner Schwanzspitze sickerten noch einige Tropfen heraus. Ich versuchte, meinen Schwanz zu melken, um auch die Reste der Flüssigkeit herauszubekommen, und auch diese Bewegung empfand ich als sehr lustvoll. Daraufhin säuberte ich mich und meine Bettwäsche, doch wie ich heute weiß, nicht gründlich genug. Denn einige Tage später, als meine Mutter mein Bett neu bezogen hatte, sagte sie: »Du wirst langsam erwachsen«. Ich verstand damals diese Worte nicht, beziehungsweise konnte sie nicht richtig einordnen, erst heute weiß ich, was sie meinte, als sie wahrscheinlich die verräterischen Flecken an meinem Bettuch erblickte. Eins wußte ich aber instinktiv, nämlich, daß dieses lustvolle Erlebnis irgendwie mit dem nackten Busen meiner Mutter zusammenhing.

Am nächsten Tag in der Schule fragte ich einen Schulkameraden, mit dem ich enger befreundet war, ob ihm schon mal etwas aus dem Glied gekommen war. Er verneinte dies, er wunderte sich über meine Frage und fragte mich, ob bei mir so etwas vorkommt. »Nein«, log ich, »ich habe nur gehört, daß es manchmal passieren kann.«

Einige Tage später wurde ich nachts wieder wach. Mein Schwanz war hart und heiß, ich war irgendwie erregt. Ich umklammerte ihn, aber diesmal kam nichts heraus. Ich versuchte, ihn zu melken, im Glauben, daß sich doch eine solche Flüssigkeit darin befindet. Dieses Melken verursachte mir eine große Lust. Ich griff fest zu, doch bald habe ich gemerkt, daß es sich viel schöner anfühlt, wenn ich nur die Haut an meinem Schwanz sanft hin- und herschiebe. So habe ich das Masturbieren gelernt. Damals wußte ich aber nicht, daß es die sogenannte Selbstbefriedigung ist, ich wußte nur, daß es sehr schön ist, ein schöneres Gefühl als alles andere, was ich bis dahin in meinem Leben gefühlt hatte. So habe ich diese Bewegungen fortgesetzt, wodurch meine Erregung, aber auch meine Lust, immer größer wurden. Mein Atem ging schnell, mein Herz schlug schneller, und das Gefühl in meinem Schwanz wurden immer intensiver, immer schöner, immer lustvoller. Dann fiel mir ein, daß dies vielleicht mit dem nackten Busen meiner Mutter zusammenhängt, und als ich vor meinem geistigen Auge ihren Busen sah, begann ganz tief in meinem Schwanz ein Pulsieren, es wurde immer stärker, und dann spritzte mein Schwanz los. Und das Gefühl dabei war so lustvoll, daß ich fast in Ohnmacht fiel.

So habe ich gelernt, daß, wenn ich meinen Schwanz massiere und dabei an die nackte Brust meiner Mutter denke, ich mir unheimlich schöne Gefühle verschaffen kann. Heute weiß ich, daß ich in diesem Moment auf meine Mutter fixiert wurde.

Irgend etwas hinderte mich daran, meiner Mutter über mein ‚Spiel' zu berichten. Aber ich spielte dieses wunderbare Spiel, wann ich nur konnte. Meistens war es nachts, im Bett liegend, aber manchmal überkam mich auch tagsüber die Sehnsucht, und ich schloß mich im Badezimmer ein, um meinen Schwanz zu melken, wobei ich ganz intensiv an die nackte Brust dachte. Es war immer sehr schön, doch dann fielen mir die nackten Weiber in der Bildergalerie ein, und ich verspürte den Wunsch, etwas mehr vom Körper meiner Mutter zu sehen als die eine nackte Brust.

Ich begann, sie mit anderen Augen zu sehen. Ich schaute sie an und ahnte die Form ihrer Brüste unter ihrem Kleid. Allein der Anblick ihrer langen, schlanken Beine reichte aus, um meinen Schwanz zum Stehen zu bringen. Wenn ich sie von hinten betrachtete, labten sich meine Augen an der Form ihrer schönen Pobacken. Und da ich ständig mit meiner Mutter zusammen war, bekam ich immer öfter eine Erektion, und es war nicht immer leicht, die Ausbuchtung in meiner Hose vor ihren Augen zu verdecken. Durch die ständige Erregung habe ich sehr oft und intensiv masturbiert, doch dank meiner Robustheit und starken körperlichen Konstitution hatte es keine böse Auswirkungen auf meine Gesundheit. Das Einzige, was mich quälte, war das unheimliche Verlangen, mehr vom nackten Körper meiner Mutter zu erblikken. Schließlich fand ich auch die Möglichkeit dazu.

Mein Zimmer grenzte an das Schlafzimmer meiner Mutter, außerdem führte eine Tür in das Badezimmer, das auch von Mutters Seite zugänglich war. Wir wohnten in einem Altbau, wo die Schlösser der Türen noch für die großen, runden Schlüssel gebaut waren. Zu den beiden Türen des Badezimmers fehlte allerdings der jeweilige Schlüssel. Statt dessen waren innen Haken angebracht, so konnten wir die Tür zu dem anderen Zimmer (oder auch beide) mit dem Haken von innen verschließen. Dies diente in erster Linie nicht dazu, um den anderen auszusperren, aber im Badezimmer, das gleichzeitig auch Toilette war, verrichtet man Sachen, die nicht vor die Augen der anderen gehörten. Auch beim Waschen oder Baden schlossen wir uns jeweils ein, weil wir uns voreinander nie nackt zeigten. Äußerst selten passierte es dann, daß man vergaß, die Tür mit dem Haken zu verschließen, wie an jenem ominösen Tag, als ich die Brust meiner Mutter erblickte.

Da die Schlüssel an den Türen fehlten, bot das Schlüsselloch einen angenehmen optischen Zugang zu den Geschehnissen, die im Badezimmer stattfanden. Ich habe bisher lediglich nicht daran gedacht, erst als der Anblick der mütterlichen Brust meine Triebe geweckt hatte, fiel mir diese Möglichkeit ein. So spitzte ich die Ohren, immer wenn ich mich in meinem Zimmer aufhielt und Mutter meine Tür mit dem Haken verschloß, was deutlich hörbar war. Ich schaute gebannt durch das Schlüsselloch, leider oft vergeblich. Aus meiner Sicht waren nur das Klobecken und daneben das Bidet zu sehen; die Badewanne und das Waschbecken konnte ich leider nicht sehen. So mußte ich mich auf mein Glück verlassen, daß Mutter zufällig in mein Sichtfeld kam.

Es passierte eines Abends dann auch. Ich habe mich verabschiedet und in mein Bett gelegt, als ich hörte, daß Mutter die Tür zu meinem Zimmer einhakte. Lautlos schlich ich mich zur Tür und spähte durch das Schlüsselloch. Lange Zeit habe ich nichts gesehen, nur das Wasser hörte ich rauschen. Doch dann sah ich Mutter, wie sie mit nacktem Oberkörper durch mein Sichtfeld lief, um ein neues Handtuch zu holen. Leider habe ich nur ihren nackten Rücken gesehen, doch auch das reichte, um meinen Schwanz anschwellen zu lassen. Er ragte aus dem Schlitz meiner Pyjamahose. Ich umklammerte ihn mit meiner Hand, und erregt guckte ich durch das Loch. Meine Geduld wurde auch belohnt: Bald kam Mutter mit dem Handtuch, und diesmal sah ich ihr Halbprofil, fast von vorne. Und ich sah ihre beiden wunderbaren Brüste.

Mein Atem stockte. Meine Hand machte schnelle reibende Bewegungen an meinem Schwanz, und sekundenschnell bekam ich einen Orgasmus, der mich fast umhaute. Mein Samen spritzte gegen die Tür und tropfte auf den Teppich. Meinen immer noch steifen Schwanz in der Hand, wartete ich angespannt, ob ich noch etwas erblicken konnte. Bald darauf lief Mutter erneut durch mein Blickfeld, diesmal sah ich aber wieder nur ihren Rücken. Sie ging in ihr Schlafzimmer, doch sie kehrte gleich zurück, weil ihr einfiel, daß meine Tür zum Bad immer noch verschlossen war. Und da erlebte ich erneut ein großes Glück. Mutter kam direkt zu meiner Tür, um den Haken zu öffnen, und ich sah sie von vorne. Ihre Brüste wippten leicht. Sie waren wunderschön.

Ich hatte den Drang, daß ich, sobald der Haken los ist, die Tür aufreiße und mich auf ihre Brust werfe. Aber ich war wie erstarrt, nur mein Schwanz lebte voll Verlangen und Sehnsucht.

Ich weiß nicht, wie oft ich in dieser Nacht meinen Schwanz gemolken habe. Am nächsten Morgen mußte ich schrecklich ausgesehen haben, denn auch Mutter fiel auf, daß mit mir etwas nicht stimmte.

»Fühlst du dich krank?« fragte sie mich.

»Nee«, antwortete ich, »warum?«

»Weil du Ringe um die Augen hast. Hast du schlecht geschlafen?«

Das habe ich auch verneint, und damit war die Sache auch erledigt.

In der nachfolgenden Zeit habe ich oft vor dem Schlüsselloch gekauert, in der Hoffnung, daß meine glücklichen Augen etwas Schönes zu sehen bekommen. Ich hatte Fieber, war krank vor Verlangen, meine Mutter nackt zu erblicken. Doch tagelang hatte ich kein Glück. Aber eines Abends wurde ich durch das bekannte Geräusch geweckt: Meine Tür wurde mit dem Haken verschlossen. Blitzschnell war ich in meiner Lauschposition. Mutter ging auf die Toilette, um Wasser zu lassen. Sie war mit einem Nachthemd bekleidet, das sie aufhob, um sich auf das Klo zu setzen. Und in diesem Augenblick erblickte ich für eine Sekunde das dunkle Dreieck zwischen ihren Beinen.

Mein Herz hämmerte. Ich wußte schon, was das ist, und wie das aussieht, was sie zwischen ihren Beinen hatte, denn in einem kleinen Papierladen konnte man unter dem Ladentisch einige pornographische Fotos kaufen. Meine Schulkameraden gaben mir den Tip, und ich konnte von meinem – zugegebenermaßen kargen – Taschengeld vier Fotos erstehen.

Auf einem stand eine nackte Frau aufrecht. Sie hatte schöne Brüste, einen glatten Bauch und darunter ein großes, behaartes Dreieck. Insgesamt war sie etwas mollig, aber sie bot einen sehr erotischen Anblick. Auf dem zweiten Foto saß dieselbe Frau mit hoch angezogenen, gespreizten Beinen auf einem Stuhl, und sie zog ihre Schamlippen mit beiden Händen auseinander, so daß man in das Innere ihrer Muschi sehen konnte. Auf dem dritten Bild lag eine andere Frau nackt auf einer Liege und wurde von einem ebenfalls nackten Mann gefickt. Es war deutlich zu sehen, wie sein Schwanz in der geöffneten Möse der Frau verschwand. Auf dem vierten Foto war eine Frau zu sehen, die mit beiden Händen ihre Fotze geöffnet hielt. Es war eine Nahaufnahme, so daß jede Einzelheit im Inneren der Fotze deutlich zu sehen war.

Es war nur selbstverständlich, daß mich diese Bilder sehr erregten. Kaum war ich abends in mein Bett gestiegen, holte ich die Fotos heraus, und während ich sie einzeln betrachtete, wichste ich meinen Schwanz heftig.

Mrs. Blake: »Erregt Sie der Anblick einer Vagina?«

Ben: »Ja, sehr.«

Mrs. Blake: »Wenn ich meinen Rock hochhebe, meine Beine spreize und den Zwickel meines Höschens zur Seite schiebe, sehen Sie meine Vagina?«

Ben: »Ja, ich sehe sie.«

Mrs. Blake: »Was sehen Sie?«

Ben: »Ihre Vagina.«

Mrs. Blake: »Sagen Sie es anders. So wie Sie es am Foto vorhin genannt haben.«

Ben: »Ich sehe Ihre Fotze.«

Mrs. Blake: »Und erregt Sie das?«

Ben: »Ja, sehr!«

Mrs. Blake: »Steht jetzt Ihr Schwanz?«

Ben: »Ja.«

Mrs. Blake: »Schön, ich sehe, Sie haben einen prachtvollen Pimmel. Stand Ihr Pimmel auch damals so? Haben ihn die Fotos so erregt?«

Ben: »Ja, aber ich hatte dabei eine Phantasie.«

Mrs. Blake: »Welche?«

Ben: »Als ich diese Fotos betrachtete, bildete ich mir ein, daß ich die Fotze meiner Mutter sehe.«

Mrs. Blake: »Das habe ich mir gedacht. Bitte, erzählen Sie mir weiter. Und wenn es Ihnen gut tut oder das Erinnern erleichtert, spielen Sie mit Ihrem Schwanz. Ich bedecke mich aber, um Sie nicht von Ihren Erinnerungen abzulenken. So, jetzt können Sie weiter erzählen.«

Also, ich habe die Bilder angesehen und mir dabei vorgestellt, daß ich meine Mutter betrachte. Diese Vorstellung hat mich mehr erregt als die Bilder. Ich war dem Abspritzen nahe, als ich hörte, daß meine Mutter den Haken an meiner Tür zumacht.

Ich kniete mich sofort vor das Schlüsselloch und sah, wie Mutter im Nachthemd zum Klobecken ging, ihr Hemd hochhob, so daß ihr Schamdreieck sichtbar wurde, und sich auf das Klo setzte. Ich hörte sie strullen. Dann erhob sie sich, und ohne das Nachthemd herunterzulassen, zog sie an der Wasserspülung und setzte sich auf das Bidet. Sie saß mit dem Rücken zu mir, so daß ich – zum ersten Mal – ihren Hintern sah. Mit einer Hand hielt sie ihr Nachthemd hoch und mit der anderen Hand wusch sie ihre Muschi. Der Anblick ihres wunderbaren, herzförmigen Frauenarsches brachte mich zum Spritzen. Ich glaube, ich muß laut gestöhnt zu haben, denn Mutter drehte ihren Kopf in meine Richtung. Dann stand sie auf, das Nachthemd immer noch hochhaltend, nahm ein Handtuch und begann, sich zwischen den Beinen abzutrocknen. Erst mit dem Rücken zu mir, in einer etwas gebückten Haltung, so daß ich ihren süßen Arsch deutlich sehen konnte. Dann drehte sie sich aber um, und jetzt trocknete sie sich von hinten, während ihre Vorderpartie sich mir darstellte.

Ich masturbierte ohne Pause weiter. Mutter löste den Haken, löschte das Licht und ging in ihr Zimmer. Ich ging zu meinem Bett zurück, drückte meinen Kopf an die Wand, die mein Zimmer von ihrem teilte.

Mein Ohr lag an der Wand, und da vernahm ich leise Töne, ähnlich wie wenn jemand stöhnt oder winselt. Im selben Augenblick spritzte ich erneut los.

Ich war so fertig, daß ich sofort einschlief, ohne die verräterischen Flecken zu beseitigen. Am nächsten Morgen bin ich ziemlich spät aufgewacht und eilte in die Schule. Erst dort fiel mir ein, daß meine Spritzer an der Tür, auf dem Teppich und auch an meinem Bettlaken sichtbar waren. Kaum nach der Schule zu Hause angekommen, wollte ich die Spuren beseitigen. Aber es waren keine Spuren mehr da, auch mein Bett war neu bezogen. Ich war verwirrt und fürchtete, daß meine Mutter mich ausschimpfen würde. Aber sie sagte nichts und ich schwieg auch.

Um mein karges Taschengeld aufzubessern (um mehr Geld für Pornos zu haben), habe ich eine Arbeit bei unserer Nachbarin, Mrs. Goldstone, angenommen. Die Arbeit war nicht schwer: Den Garten ein bißchen in Ordnung zu halten, kleine Besorgungen zu machen, einfache Handgriffe im Haushalt zu erledigen. Mrs. Goldstone war eine sehr gutaussehende Dame um die Dreißig. Ihr Mann, ein Handelsvertreter, verdiente gut, so daß sie sich einen gewissen Lebensstil leisten konnten. Mr. Goldstone war ständig unterwegs, manchmal war er mehrere Wochen weg, und Mrs. Goldstone langweilte sich alleine zu Hause. Man munkelte, daß sie sich Liebhaber hält, aber keiner wußte etwas Genaueres. Meine Mutter und Mrs. Goldstone waren zwar nicht eng befreundet, aber sie hatten ein gutnachbarliches Verhältnis zueinander.

Oft kam Mrs. Goldstone auf eine Tasse Kaffee und einen Nachmittagsplausch zu uns, und auch meine Mutter besuchte sie ab und zu. Ich hörte mehrmals, wie Mrs. Goldstone meine Mutter zur Wiederheirat animierte, aber Mutter war dazu nicht zu bewegen.

»Es gibt keinen, der sich mit meinem verstorbenen Mann messen könnte. Außerdem habe ich meinen Sohn, dem meine ganze Liebe gilt. Wenn ich einen finde, der besser ist als mein Mann war, dann werde ich heiraten. Aber nicht früher.«

Eines Tages war es dann soweit, daß ich meine Arbeit bei Mrs. Goldstone anfangen sollte. Sie sprach noch einmal mit meiner Mutter darüber und erklärte ihr, was ich an diesem Tag zu tun hätte.

Das Erste war, daß sie mir das Du angeboten hatte. »So kann man sich besser verständigen«, sagte sie. Und das Du mußte natürlich auch mit einem Kuß besiegelt werden. Mrs. Goldstone, sie hieß mit Vornamen Anne, war eine sehr attraktive Frau, mit etwas zu groß geratenen Brüsten und einem schönen, einladenden Hintern. Ich wollte ihr ein Küßchen auf die Wange gegeben, aber sie nahm meinen Kopf in ihre beiden Hände und drückte mir einen feuchten Kuß auf den Mund. Ihre Zunge versuchte in meinen Mund einzudringen, ich biß aber die Zähne zusammen.

»Ach, noch jungfräulich«, neckte mich Anne, aber sie ließ die Sache auf sich beruhen.

Ich war bereits einige Wochen bei ihr beschäftigt, das heißt, ich habe zweimal wöchentlich je drei Stunden nachmittags bei ihr verbracht, als sie mich bat, ihr beim Aufräumen der Kammer zu helfen. Es war eigentlich ein Abstellraum, vollgestopft mit altem Gerümpel. Mrs. Goldstone stand vor mir, holte die Sachen einzeln heraus und reicht sie mir. Ich mußte sie auf den Hof bringen.

Einmal bückte sie sich etwas tiefer, und da sah ich unter ihrem äußerst kurzem Rock ihren prallen Arsch blitzen. Sie hatte zwar ein Höschen an, es war aber ein weißes ‚Nichts', das mehr zeigte als verbarg.

Das dünne Höschen war zwischen ihre Arschbakken gezogen, die sich in ihrer vollen Größe und Pracht meinen Augen präsentierten. Der Zwickel des Höschens zwischen ihren Beinen konnte ihre Muschi kaum bedecken, beiderseitig lugten Schamhaare heraus.

Kein Wunder, daß ich eine heftige Erektion bekam. Anne fragte etwas, und ich konnte ihr kaum antworten. Mein Atem ging schwer, und ich konnte kaum ein Wort herausbringen.

»Was ist mit dir los, Ben?« fragte Anne. Doch dann fiel ihr Blick auf die Wölbung in meiner Hose. Sie lächelte wissend, sagte aber nichts und drehte sich von mir wieder weg. Doch das Biest beugte sich noch mehr nach vorne, so daß ich noch mehr zu sehen bekam, und meine Beule wurde nur noch größer.

Plötzlich drehte sich Anne zu mir und griff mir zwischen die Beine. Sie ergriff meinen Schwanz durch die Hose, und ich dachte, ich müßte sofort abspritzen.

»Komm mit mir«, sagte Anne, nahm mich an der Hand und führte mich in das Wohnzimmer. Sie setzte sich auf die Couch und deutete mir an, neben ihr Platz zu nehmen.

»Wetten, daß du noch nie mit einer Frau geschlafen hast«, sagte sie. Ich spürte, daß ich errötete, gab aber keine Antwort. »Ach, ach«, sagte jetzt Anne, »ich wette, du hast noch nie eine nackte Frau gesehen. Sonst hätte dich das, was du gesehen hast, nicht so erregt«, deutete sie auf meine Hose. »Du hast doch eigentlich gar nichts gesehen, nur mein Höschen, trotzdem hast du einen Ständer.«

Dann fragte sie plötzlich: »Spielst du zumindest mit deiner Nille?« Ich hatte das Gefühl, daß mein Kopf brennt. »Bestimmt hast du schon gewichst?« fuhr sie fort. »Ach, du wirst rot«, sagte sie, »also ich habe dich erwischt. Wie oft spielst du mit deinem Schwanz? Täglich? Oder mehrmals täglich?«

Ich fühlte mich elend. »Ich mache sowas nicht«, sagte ich, aber Anne lachte nur.

»Wer wichst, dem wachsen Haare in der Hand«, sagte sie dann, und da ich auf die Finte reinfiel und auf meine rechte Handfläche schaute, lachte sie laut auf: »Hahaha, ich habe dich doch erwischt.«

Aber als sie sah, daß ich ganz verwirrt war, versuchte sie mich zu beruhigen: »Du brauchst dich nicht zu schämen. Jeder macht das. Ich mache das mehrmals täglich, weil mein Mann sozusagen nie da ist, und ich brauche es auch, gefickt zu werden. Du möchtest auch ficken, und deine Mutter macht es auch, weil sie niemanden hat, der sie fickt.«

»Meine Mutter macht sowas nicht«, sagte ich.

Anne schaute mich an: »Woher willst du das wissen? Sie ist doch auch ein normaler Mensch mit normalen menschlichen Bedürfnissen. Jeder braucht Sex.

Oder kontrollierst du sie?« Ich schwieg. »Oder belauscht du sie beim Ausziehen oder im Bad? Sicherlich hast du ihr schon unter den Rock geschaut!«

»Red nicht so von meiner Mutter!« sagte ich barsch.

Anne schaute mich von der Seite an. »Ah, am Ende bist du sogar in deine Mutter verliebt?«

Ich antwortete nicht, ich lief wortlos aus dem Zimmer. Zu Hause schloß ich mich in mein Zimmer ein und warf mich aufs Bett. Mir war etwas bewußt geworden: Ich war tatsächlich in meine Mutter verliebt. Kein Wunder auch. Sie war der einzige Mensch, den ich hatte. Sie liebte mich, und sie war die einzige weibliche Person in meiner Nähe. Ich liebte sie abgöttisch als Mutter, aber mir wurde bewußt, daß ich sie begehre. Ich wollte ihre Brüste sehen, ihren Hintern, ihre Vagina, ihren ganzen nackten Körper. Und was ich von ihr bisher erblickte, das erregte mich. Es erregte mich sexuell, ich bekam eine Erektion, und ich mußte meinen Schwanz so lange bearbeiten, bis der Samen aus mir herausspritzte. Ich war mit Haut und Haaren meiner Mutter hörig, ich war süchtig nach ihr. Und das empfand ich als schön.

Ben wurde bewußt, daß er in seine Mutter verliebt war. Das ist etwas, was vielen Männern nie in das Bewußtsein dringt, obwohl diese Gefühle vorhanden sind und durch die Erziehung und durch die Konvention verdrängt werden. Die Mutter ist das erste menschliche Wesen, mit dem ein Knabe in körperlichen Kontakt kommt. Gleich nachdem er aus der glücklichsten Behausung seines Lebens, aus dem Bauch seiner Mut-

ter – wie aus dem Paradies – ‚vertrieben' wurde, bekommt er die Brust seiner Mutter. Es sind die ersten Eindrücke seines Lebens, und diese bleiben in seinem Hinterkopf, im Unbewußten, für immer hängen. Wenn diese Gefühle irgendwann durch irgendwelche Impulse an die Oberfläche kommen, entsteht zwischen Sohn und Mutter eine Gefühlsbeziehung wie im Falle von Ben.

Zum nächsten Termin ging ich nicht zu Mrs. Goldstone. Sie kam aber zu uns und fragte meine Mutter, warum ich nicht gekommen sei. Auf die Frage meiner Mutter sagte ich verlegen, daß ich es vergessen hätte.

»Ist etwas zwischen euch vorgefallen?« fragte sie.

»Nein, nichts«, antwortete ich, aber ich spürte, daß ich dabei errötete. »Morgen werde ich zu ihr gehen.«

Am nächsten Nachmittag ging ich zu Anne. Sie empfing mich mit vorwurfsvoller Miene. »Es ist nicht gentlemanlike, so einfach wegzubleiben. Was ist in dich gefahren? Habe ich dir etwas angetan? Oder habe ich dich beleidigt?«

»Nein«, sagte ich.

»Komm mit mir, ich will mit dir reden«, sagte Anne und führte mich ins Wohnzimmer. Sie setzte sich vor die Couch und bot mir den Platz neben sich. »Schau Ben«, begann sie, »ich habe mit dir geredet wie mit einem Erwachsenen. Wir sind doch beide erwachsene Menschen. Du bist bereits siebzehn, manche ernähren in diesem Alter schon eine Familie. Es gibt Sachen, die zum Leben gehören, über die erwachsene Menschen offen reden können. Du bist ein Mann, und ich bin eine Frau. Es ist doch ganz normal, daß eine gesunde Frau einen gesunden Mann erregt. Wir sind doch beide Geschlechtswesen. Unser Körper hat bestimmte Bedürfnisse, ob wir es wollen oder nicht. Und das Erfüllen dieser Bedürfnisse ist mit großer Lust verbunden. Warum sollten wir uns davor verschließen? Schau, ich weiß, daß du dich befriedigst, wie jeder gesunde Mann. Wenn du mal verheiratet bist, brauchst du es nicht mehr, weil du dann bei deiner Frau Befriedigung finden wirst. Und sie natürlich bei dir. Aber auch verheiratete Menschen befriedigen sich ab und zu selbst. Auch solche, die ein erfülltes Geschlechtsleben haben. Es ist doch schön, sich mit seinem eigenen Körper zu beschäftigen, sich selbst Lust zu schenken. Ich befriedige mich regelmäßig, sonst würde ich verrückt. Mein Mann ist ständig unterwegs, er kann mir nicht immer Erfüllung geben. Und ich ihm auch nicht, deshalb nimmt auch er seinen Schwanz unterwegs in die Hand, um sich Erleichterung zu verschaffen. Wir reden offen miteinander darüber. Natürlich ist das bei uns nur Ersatz. Ich möchte lieber einen harten Männerschwanz zwischen den Beinen fühlen als meinen eigenen Finger. Und mein Mann möchte seinen Schwanz lieber in eine saftige Fotze stecken, als ihn mit der Hand zu massieren. Und ich bin überzeugt, er tut es auch, wenn sich ihm die Gelegenheit bietet. Ich weiß, mit deiner Mutter kannst du über diese Sachen nicht sprechen. Und du hast sonst niemanden, der dir in dieser Hinsicht Ratschläge geben könnte. Ich glaube, wir sind gute Freunde. Nun, du kannst mit mir über alles reden.«

»Aber du würdest mich auslachen«, erwiderte ich.

»Nein, das werde ich nicht tun. Ich verstehe deine Situation nur zu gut. Paß auf, Ben. Wir können unsere Freundschaft vertiefen, und zwar gegenseitig. Seien wir offen miteinander. Was wir hier sprechen oder tun, das wird niemand je erfahren.«

Dann, nach einer kurzen Pause, sagte sie: »Ben, sag mir jetzt ganz ehrlich: Sehnst du dich danach, die geheimen Stellen einer Frau zu sehen oder sie auch zu berühren?« Ich nickte nur.

»Nun gut«, sagte Anne. »Ich zeige dir alles, aber du mußt genauso offen zu mir sein. – Hast du schon die nackten Brüste einer Frau gesehen?« Eine Antwort nicht abwartend öffnete sie ihre Bluse. Sie trug keinen Büstenhalter, ihre Brüste lagen frei vor meinen Augen. »Findest du sie schön?« fragte Anne.

»Ja, sie sind wunderschön«, sagte ich, obwohl ihre Brüste nicht so gerade standen wie die meiner Mutter. Trotzdem waren sie sehr schön, und vor allem lagen sie direkt vor meinen Augen.

Anne nahm meine Hände und legte sie auf ihre Brüste. »Du darfst sie anfassen. Ist das ein schönes Gefühl? Wird dein Schwanz davon steif?« fragte sie.

Ich brauchte nicht zu antworten; mein Pimmel hat meine Hose fast gesprengt.

»Du mußt ihn mir auch zeigen«, sagte Anne, und griff sofort zu meinem Gürtel. Ich, mit meinen Händen ihre Brüste knetend, ließ zu, daß sie meine Hose öffnete und meinen pochenden Schwanz herausholte. »Ach, der ist herrlich«, begeisterte sich Anne und streichelte meinen Schaft mit beiden Händen. »Wie groß er ist und wie hart! Er ist wunderschön! Fühlt sich meine Hand an deinem Schwanz gut an?«

»Ja, es ist ein schönes Gefühl«, sagte ich.

»Schöner als deine eigene Hand?« fragte Anne und machte einige wichsende Bewegungen. Ich stöhnte vor Lust laut auf. »Ich sehe, es gefällt dir«, sagte Anne. »Für mich ist es auch schön, wenn du meine Brüste betastest. Mache ich es dir gut? Weiß du, was noch schöner wäre? Wenn du deinen Prachtschwanz in eine warme Fotze stecken könntest.«

»Oh, ja«, sagte ich.

Anne neigte sich vor und drückte einen Kuß auf meine Schwanzspitze. »Och, du bist schon sehr geil«, sagte sie dann, »es sickert schon aus deinem Schwanz. Möchtest du meine Fotze anfassen?«

Sie ließ meinen Schwanz los, sprang auf, hob ihren Rock und streifte mit einer einzigen Bewegung ihren Minislip herunter. Direkt vor meinen Augen sah ich nun ihre haarige Fotze. Ich sah sie viel deutlicher als die meiner Mutter durch das Schlüsselloch. Anne öffnete ihre Schamlippen mit beiden Händen, so daß das rosa Innere sichtbar wurde. Ein betörender Duft erreichte meine Nase.

»Greif zu«, ermutigte mich Anne, und ich drückte meine Hand auf dieses Wunder. Auch Anne erfaßte meinen Schwanz, und in diesem Moment spritzte ich auch schon los. Die Spannung war für mich zu groß geworden, und ich schleuderte meinen Samen auf ihre Hand und auf ihre Knie.

Anne hielt meinen Schwanz mit ihrer Hand fest, bis die Zuckungen verebbten. Dann nahm sie den

Slip, den sie vorhin ausgezogen hatte, und säuberte damit erst meinen Schwanz, dann ihre Hände und ihre Beine. Dann beugte sie sich nach vorne, drückte ihren Mund auf den meinen. Sie gab mir einen langen Kuß, ihre Zunge drang in meinen Mund ein und liebkoste meine Zunge. Dann sagte sie: »Ben, es bleibt unser Geheimnis. Niemand darf es erfahren! Mein Mann schlägt mich tot, wenn er das erfahren sollte! Aber wir sind gute Freunde und werden einander viel Freude schenken. Komm, küß mich noch mal!«

Ich stand auf, umarmte sie und küßte sie auf den Mund. Mein Schwanz, der immer noch aus der Hose ragte, drückte gegen ihren Körper. Ich küßte sie auf den Mund, schob meine Zunge in ihren Mund und – dachte dabei an meine Mutter. Ich stellte mir vor, daß ich meine Mutter küsse, und das erfüllte mich mit einem Glücksgefühl, wie ich es noch nie erlebt hatte. Das konnte ich Anne aber nicht sagen.

Die nächsten zwei Tage habe ich Anne nicht gesehen. Sie hielt diese Zurückhaltung für zweckmäßig, damit es nicht auffiel, daß ich öfter als vereinbart zu ihr kam. Ich habe aber über die Ereignisse dieses Tages lange nachgedacht. Es erfüllte mich mit Stolz, daß eine erwachsene Frau solche Spiele mit mir treibt. Ich fühlte mich noch als Kind, trotz meiner Körpergröße. Mit siebzehn Jahren sah ich aus, als wäre ich mindestens zwanzig oder älter.

Ich habe mich bemüht, von meiner Mutter so viel zu erblicken, wie ich nur konnte. Ich hatte nicht das Gefühl, daß ich sie dadurch erniedrige oder gar ‚besudle'. Nein, es war meine Liebe zu ihr. Es wurde mir bewußt, daß ich unsterblich in sie verliebt war.

Mrs. Blake: »Es ist auch ganz normal, Ben. Die meisten Männer sind, ohne es zu wissen, in ihre Mutter verliebt. Jeder Mann, der ein gutes Verhältnis zu seiner Mutter hat, sucht in jeder Frau eigentlich seine eigene Mutter. Tief im Mutterleib hat er die glücklichsten neun Monate seines Lebens verbracht, behütet, im warmen, weichen Mutterleib. Wenn er bestrebt ist, mit seinem Schwanz in eine warme, weiche Vagina einzudringen, will er dadurch symbolisch eigentlich in den Leib seiner Mutter zurückkehren. Der Schoß der Mutter ist das wahre Glück für jeden Mann. Sie brauchen sich deshalb auch jetzt, nachträglich, keine Vorwürfe zu machen. Das ist ein schönes Gefühl, die eigene Mutter zu lieben, und es hat immer einen sexuellen Hintergrund. Glauben Sie mir, ich wäre auch glücklich, wenn mich mein Vater ficken wollte. Jetzt fahren Sie aber fort.«

Ich versuchte also, durch das Schlüsselloch zu schauen, wann immer meine Mutter den Haken an meiner Tür einhakte. Und das Schicksal schien mir gnädig zu sein, denn sie ging öfter in das Badezimmer als sonst. Und ich bekam von ihr auch mehr zu sehen. Mal massierte sie ihre Brüste, nachdem Sie sich mit dem Handtuch abtrocknete, so daß ich ihre prachtvoll runden Brüste aus jedem Winkel sehen konnte. Sie säuberte ihre Muschi immer sehr sorgfältig mit einem Lappen, nachdem sie ihre kleinen Geschäfte auf der

Toilette verrichtet hatte. Auch wenn sie das große Geschäft gemacht hatte, stand sie auf, ließ die Spülung laufen und säuberte das Klobecken mit der Bürste. Sie stand dabei mit dem Rücken zu meiner Tür, ihr schöner Arsch voll in meinem Blick, und wenn sie sich mal tiefer bückte, sah ich sogar zwischen ihren Schenkeln kurz ihre Schamlippen aufblitzen.

Auch aus der Badewanne stieg sie splitternackt heraus und lief, nachdem sie meine Tür entriegelte, nackt in ihr Zimmer. Ich natürlich hinterher in das Badezimmer. Ich riegelte ihre Tür zu und spähte durch das Schlüsselloch. Ich sah sie in voller Größe splitternackt durch das Zimmer gehen. Ihre Arschbacken wippten im Rhythmus ihrer Schritte, und als sie das Nachthemd über den Kopf stülpte, drehte sie sich um, und ich konnte sie von vorne sehen.

Daß ich in diesen Tagen ständig am Wichsen war, ist ja kein Wunder. Ich strapazierte meinen armen Schwanz so sehr, daß die Vorhaut manchmal ganz entzündet war und weh tat.

Was mir auffiel war, daß, obwohl sie vorne ein schönes Haardreieck hatte, ihre Schamlippen haarlos zu sein schienen. Das Rätsel löste sich am dritten Tag nach meinem Erlebnis mit Anne.

Ich kam aus der Schule nach Hause. Kaum hatte ich meine Mutter begrüßt, sagte sie, daß sie in das Bad muß. Ich nahm natürlich sofort meine Position vor dem Schlüsselloch ein. Was ich dann sah, das nahm mir den Atem weg.

Mutter zog sich ganz nackt aus. Sie setzte sich mit gespreizten Beinen auf den Klodeckel, ihre Muschi schlug mir direkt ins Auge. Sie nahm einen Pinsel und begann ihre Schamlippen einzuseifen. Dann nahm sie einen Rasierapparat, ich glaube, das war der von meinem seligen Vater, und rasierte damit ihre Schamlippen blank. Dabei zog sie ihre Muschi ein paarmal ganz auf, so daß ich das rosa Innere ihrer süßen Fotze sehen konnte. Sie betrachtete ihre Muschi lange in einem Handspiegel, dann streichelte sie sich lange. Ihre Finger umkreisten ihre Schamlippen, und sie gab dabei seltsame, stöhnende, fast winselnde Laute von sich. Wie die Sache endete, weiß ich nicht, weil ich einen riesigen Orgasmus bekam und meine Lust in die Gegend verspritzte. Dabei habe ich unwillkürlich laut gestöhnt. Ob meine Mutter das hörte, weiß ich nicht.

Als ich dann zu Anne ging, empfing sie mich mit einem feuchten Kuß. »Na, mein Ritter, was gibt's Neues?« fragte sie.

»Ach, nichts«, erwiderte ich, aber sie sah, daß mich etwas bedrückte.

»Na, raus mit der Sprache«, befahl sie.

Da fragte ich sie, ob sich Frauen manchmal die Schamhaare abrasieren.

Anne sah mich lange an. »Hast du das bei deiner Mutter gesehen?« fragte sie.

»Nein, ein Schulkamerad hat mir davon erzählt«, log ich, doch ich weiß, meine Stimme klang nicht überzeugend.

»Ja, manchmal macht man das. Die Männer mögen nicht, wenn ihnen beim Lecken die Haare in den Mund geraten.«

»Beim Lecken?« fragte ich verwundert.

»Natürlich«, erwiderte Anne. »Wußtest du nicht, daß es am schönsten ist, wenn man sich gegenseitig mit dem Mund verwöhnt? Na, das wirst du auch mal kennenlernen. Und wenn du willst, werde ich für dich auch mal meine Fotze rasieren. Aber das kann ich nur machen, wenn mein Mann nach Hause kommt. Dann kann ich es so darstellen, als geschehe dies ihm zuliebe. Doch du hast meine Muschi noch gar nicht richtig gesehen. Komm mit mir«, sagte sie und führte mich in das Schlafzimmer. Dort schlüpfte sie aus ihrem Kleid – sie hatte nichts darunter – und sie stand pudelnackt vor mir. Mir verschlug es den Atem. »Zieh dich auch aus«, befahl sie, und weil ich ihr nicht schnell genug war, half sie mir eigenhändig aus den Klamotten.

Ihre Schönheit wirkte auf mich sehr erregend, mein Schwanz stand hart und steif von meinem Körper ab. Anne umfaßte ihn mit ihrer Hand: »Ach, dein Prachtstück! Es ist so schön, ihn in der Hand zu spüren. Faß doch meine Titten an. Spiel mit ihnen. Fühlen sie sich schön an?«

Es war wunderbar, diese weichen und doch so elastische Bälle zu streicheln und zu drücken. Annes Hand an meinem Pimmel machte mich wahnsinnig. Dann zog mich Anne auf das Bett. Dort legte sie sich auf den Bauch und bat mich, sie zu massieren. Ich knetete ihren Hals und ihren Rücken, doch Anne sagte: »Tiefer auch. Mein Arsch braucht auch Streicheleinheiten. Gefällt er dir?«

Ich sagte: »Ja, er ist sehr schön.«

»Erregt er dich?« fragte Anne.

»Ja«, hauchte ich.

»Dann küß ihn«, befahl mir Anne, und ich küßte ihre schönen, runden Arschbacken. Ich streichelte, knetete und küßte sie immer wieder. »Streichle mich auch tiefer«, sagte sie. »Streichle meine Muschi.«

Ich griff ihr zwischen die Beine und umklammerte das warme Frauenfleisch. Weich schmiegten sich ihre Schamlippen in meinen Handteller. Mit der anderen Hand griff ich ihr wieder an den Arsch.

Dann hielt ich es nicht mehr aus. Ich warf mich auf Annes Rücken und drückte meinen übergeilen Pimmel gegen ihren Arsch. Mein Schwanz geriet dabei in ihre Arschspalte, und das Gefühl, ihn von warmem Weiberfleisch umhüllt zu fühlen, war unbeschreiblich. Ich machte unwillkürlich einige Stoßbewegungen, fickte also quasi ihre Arschspalte, und binnen weniger Sekunden spritzte ich los. Dabei stöhnte ich nicht, nein, ich schrie förmlich vor Lust.

Anne bewegte sich nicht, ließ bei mir die Gefühle ausklingen, dann stand sie auf und lief aus dem Zimmer, um ihren Arsch zu säubern. Dann kam sie zurück und legte sich neben mich aufs Bett.

»War es schön für dich?« fragte sie. Ohne zu antworten, umarmte ich sie und küßte sie auf den Mund. »Du kleiner Egoist«, sagte sie dann. »Du genießt, hast bei mir schon zweimal abgespritzt, aber mich läßt du verhungern. Meinst du, ich brauche keine Befriedigung? Ich brauche auch Lust. Meine Muschi ist ganz heiß. Komm, gib mir deine Hand und fühl mal. Steck einen Finger hinein. Fühlst du, wie heiß und feucht meine Möse ist? Wenn wir Frauen erregt sind, wird unsere Muschi innen naß. Das ist die gleiche Flüssigkeit, die auch aus deiner Schwanzspitze quillt, wenn du erregt bist. Sie dient dazu, den Eingang glitschig zu machen, damit der Pimmel leicht eindringen kann und die Muschi nicht wundgerieben wird. Fühlt sich meine Fotze gut an? Spielst du gerne mit ihr? Das glaube ich, du wühlst ja direkt in ihr. Ah, es reizt mich so sehr. Es ist sehr schön. Aber ich wünschte einen harten Schwanz darin, ich möchte gefickt werden. Und du würdest erst die richtige Lust kennenlernen, wenn du deinen Schwanz da reinstecken könntest. Aber er ist jetzt müde und weich, mein kleines, liebliches Pimmelchen.«

Sie streichelte sanft meinen Schaft, schob die Vorhaut ganz über meine Eichel, um sie wieder nach unten zu ziehen, bis die Eichel ganz entblößt vor ihren Augen lag. Dann stülpte sie ihren Mund über meinen Pimmel und begann, daran zu saugen.

Ich dachte, ich werde vor Lust verrückt. Mein Schwanz wurde wieder hart und steif, ich hatte das fast unerträgliche Verlangen, ihn in Annes Fotze zu stecken. »Anne, ich möchte dich ficken«, kamen die Wörter stotternd aus mir heraus.

»Ich möchte es auch«, sagte Anne, »aber erst mußt du mich schön lecken.«

Sie dirigierte meinen Kopf vor ihre Pflaume, und ich begann, wie wild zu lecken. Das weiche, feuchte Obst zwischen ihren Beinen fühlte sich in meinem Mund wunderbar an. Anne dirigierte mich mit Worten: »Nicht mit dem ganzen Kopf. Nur mit der Zunge. Steck deine Zunge tief in meine Fotze. Ach, ist das gut! Saug jetzt an meinem Kitzler. Nein, nicht dort … höher, wo es so steif ist. Dort, jahhhhhh!«

Dann begann sie, ihr Becken heftig zu bewegen, ihre Oberschenkel schlossen sich über meinem Kopf, und sie schrie: »Jetzt, jahhh, jetzt, ahhhhhhhhhh!«

Dann ließen ihre Schenkel meinen Kopf frei und sie zog mich hoch zu sich und küßte mich auf den Mund. Sie schaute mir tief in die Augen: »Willst du mich jetzt ficken? Willst du deinen geilen Schwanz in meine Fotze stecken und mich durchficken? Willst du deinen Pimmelsaft in meine Möse spritzen?«

Und ich schrie: »Ja, ja, ja, ich will.«

Da ergriff sie meinen Schwanz mit beiden Händen, spreizte ihre Beine weit und führte ihn zu ihrer Öffnung. Dort ließ sie meine Eichel zwischen ihre weichen Schamlippen sinken, und ich befürchtete, vor Lust in Ohnmacht zu fallen. Ich wollte meinen Harten in sie reinschieben, doch sie hielt ihn mit beiden Händen fest. Nur meine Eichel steckte in der Öffnung. Ich versuchte verzweifelt einzudringen, aber sie hielt mich fest.

»Willst du es wirklich? Sehnst du dich danach?« schrie mir Anne die Fragen ins Gesicht.

»Ja, ja, ich will dich ficken. Laß mich rein, ich halte es nicht mehr aus!« schrie ich.

Doch Anne hielt meinen Schwanz immer noch fest und trieb mich zum Wahnsinn. »Wenn du mich ficken willst, mußt du mir alles sagen. Denkst du an deine Mutter, wenn du wichst?«

Ich konnte nicht anders, ich sagte: »Ja.«

»Belauschst du deine Mutter? Möchtest du ihren Arsch und ihre Fotze sehen?«

»Ja, ja, ja«, schrie ich.

»Sehnst du dich danach, deinen Schwanz in die Fotze deiner Mutter zu stecken?«

»Ja, ja, ja!«

»Möchtest du deine Mutter ficken?«

»Ja, ich möchte sie ficken!«

»Möchtest du sie wild durchficken?«

»Ja, ich möchte sie wild durchficken!«

Anne quälte mich weiter: »Womit möchtest du sie ficken?«

»Mit meinem Schwanz«, antwortete ich.

»Wohin möchtest du deinen Schwanz bei deiner Mutter reinstecken?«

»In ihre Muschi«, kam es von mir.

»Sag, in ihre Fotze!« befahl mir Anne.

Halb wahnsinnig vor Verlangen sagte ich: »Ja, in ihre Fotze möchte ich meinen Schwanz reinstecken.«

»Dann denk jetzt, daß ich deine Mutter bin. Komm mein Liebling, steck deinen Pimmel in meine Fotze und fick mich durch. Ich bin jetzt deine Mutter!« Sie ließ meinen Pimmel los, und ich schob ihn so tief in ihre Möse, wie ich nur konnte. Ich hatte tatsächlich das Gefühl, daß er in meiner Mutter steckte, und ich schrie: »Ah, Mama, Mama, ich ficke dich!«

Ich spürte, wie wild Anne unter mir wurde. Sie umklammerte mich mit Armen und Beinen und stieß ihren Unterleib meinen Stößen entgegen. Da ich bereits einmal abgespritzt hatte, dauerte es bei mir – trotz des unbeschreiblichen Gefühls – etwas länger, bis ich fertig wurde, so daß auch Anne auf ihre Kosten kam.

Ich sah, daß Bens Schwanz durch die Erinnerung zum

Bersten gespannt war. Ich befürchtete, der Blutstau wird zu groß. Auch in meiner Vagina juckte es angesichts dieses schönen Schwanzes und seiner Erzählung. So sagte ich: »Ben, ich sehe, Sie sind jetzt sehr erregt. So können wir die Sitzung nicht fortsetzen. Wollen Sie sich erleichtern? Möchten Sie mich vielleicht ficken? Wenn Sie meinen, daß es Ihnen gut tut, dann kommen Sie zu mir; sie dürfen mich ficken.«

Ben war mit einem Sprung bei mir und steckte seinen wirklich prachtvollen Schwanz in meine Spalte. Er atmete heftig und stieß in mich hinein, und auch ich genoß seine Stöße. In kurzer Zeit bin ich zweimal gekommen, bis er abspritzte. Dann sagte ich: »Das war sehr schön, Ben, ich habe das Gefühl, daß wir das noch öfters wiederholen. Ich hoffe, Sie haben Ihrer Frau gegenüber keine Gewissensbisse.«

»Nein, das werde ich gewiß nicht«, sagte Ben. »Meine Frau weiß, daß ich ab und zu fremdgehe, und sie hat nichts dagegen, denn auch ihr habe ich erlaubt, hier und da einen fremden Schwanz zwischen den Schenkeln zu spüren.«

»Dann ist es gut. Jetzt, da wir uns beide etwas erholt haben, erzählen Sie mir, wie ging es weiter. Hat Ihre Mutter nichts bemerkt?«

Nun, es war für mich das erste Mal. Und es war schön, weil ich es mit einer wirklich schönen Frau erlebt habe, aber, daß ich dabei in Gedanken meine Mutter vögelte, machte es für mich noch schöner. Ich war einfach glücklich. Zu Hause angekommen, fragte meine Mutter, wie es bei Mrs. Goldstone war.

»Ach, nichts«, antwortete ich. »Es gab nicht viel zu tun. Wir unterhielten uns nur.«

»Ah so?« sagte meine Mutter. »Und worüber habt ihr euch unterhalten?«

»So über dies und jenes«, antwortete ich, »über alles Mögliche«. Und Mutter bohrte nicht weiter.

Ich war glücklich. Ich fühlte mich sehr erwachsen. Kaum siebzehn Jahre alt, und schon habe ich eine schöne Frau gefickt. Ja, es sah so aus, daß ich sie noch oft ficken würde. Gleichzeitig war ich unsterblich in meine eigene Mutter verliebt, habe sie begehrt, ja, ich habe sie beim Wichsen in Gedanken, in der Phantasie, oft gefickt, und das machte mich auch glücklich.

Ein Traum spielte dabei eine große Rolle. Ich träumte, meine Mutter stand in einem schwarzen Kleid vor mir. Ich hob ihren Rock hoch und griff von oben in ihren Slip. Sie hatte ein Höschen aus dickem, aber weichem Material an. Meine Hand glitt an ihrem Bauch nach unten zwischen ihre Beine und fühlte dort mit meinen Fingern ihre Schamlippen.

Der Traum war kurz, aber nach dem Aufwachen hatte ich ihn ganz klar und deutlich in Erinnerung. Bis heute ist diese Erinnerung wach, ich spüre das Gefühl noch in den Fingerspitzen, wie ich ihre Fotze im Traum berührt habe. Ich weiß nicht wie, aber dieser Traum machte mich für Tage glücklich.

Eine andere Sache machte mich aber traurig. Ich hoffte, bald wieder die Gunst von Mrs. Goldstone, das heißt Anne, genießen zu können, doch das Schicksal machte einen Strich durch meine Pläne. Anne kam zu uns rüber und sagte, ich brauche sie in den nächsten zwei Wochen nicht zu besuchen, weil sie verreisen muß. Ihre Mutter war krank geworden, und sie mußte sie pflegen. »Aber wir sehen uns bald wieder«, sagte sie noch bedeutungsvoll zu mir.

Ich habe meine ganze Aufmerksamkeit meiner Mutter gewidmet. Ich beobachtete sie nicht nur im Badezimmer, sondern auch vom Badezimmer aus in ihrem Zimmer. Oft habe ich sie teils oder völlig nackt gesehen. Eines Tages dann habe ich etwas sehr Seltsames erlebt. Abends lag ich in meinem Bett, als Mutter in das Badezimmer trat. Ich hörte, wie sie den Haken schloß, und war natürlich sofort vor dem Schlüsselloch. Mutter war ganz nackt. Sie saß auf dem Klobekken und strullte. Danach stand sie aber nicht auf, sondern griff sich zwischen die Beine und begann, ihre Muschi zu streicheln. Es war mehr ein Reiben als ein Streicheln. Ihre Hand glitt auf und ab, und dabei hörte ich sie stöhnen.

Erst dachte ich, sie hat irgendwelche Schmerzen, doch dann merkte ich, daß es eher Töne der Lust waren. Doch die Szene dauerte nicht lange. Sie stand auf, säuberte ihre Muschi auf dem Bidet, und diesmal konnte ich genau sehen, wie sie es macht, denn sie drehte ihren Rücken nicht gegen meine Tür, sondern ich konnte sie von vorne beobachten.

Sie wusch ihre Schamlippen, öffnete sie, um sie auch innen zu reinigen und dann trocknete sie sich mit einem Handtuch ab. Danach ging sie in ihr Zimmer. Ich schlich natürlich schnell ins Bad und verschloß ihre Tür mit dem Haken. Ich wollte es ganz geräuschlos machen, damit sie nicht bemerkt, daß ich mich im Bad aufhalte, doch es gelang mir nicht ganz; etwas hat sie sicherlich gehört, denn – ich sah es durch das Schlüsselloch – sie schaute kurz in meine Richtung. Dann nahm sie einen Sessel und setzte sich darauf. Der Sessel stand vor ihrem Toilettenspiegel, doch sie drehte ihn seitlich, so daß ich sie von vorne sehen konnte. Sie saß eine kurze Zeitlang regungslos, dann stand sie auf und drehte ihren Rücken gegen den Toilettenspiegel. Sie war nackt, ich sah sie in ihrer vollen Schönheit.

Sie nahm einen Handspiegel, und ich sah verblüfft, daß sie diesen so hielt, daß sie ihren Hintern im großen Spiegel sehen konnte. Sie strich ein paarmal über ihren Popo und war mit dem, was sie sah, scheinbar zufrieden. Dann setzte sie sich wieder auf den Stuhl, und während sie mit einer Hand den Handspiegel hielt, begann sie mit einem Kamm ihre Schamhaare zu kämmen. Lange betrachtete sie ihre Muschi. Dann legte sie die Sachen aus ihrer Hand, zog ihre Beine an, so daß ihre Fersen auf der Kante des Stuhlsitzes ruhten. Ihre Schenkel waren weit gespreizt, ihre Schamlippen waren ein wenig geöffnet. Ich kann die Geilheit und die Erregung, die ich verspürte, gar nicht beschreiben. Mein Pimmel ragte wie ein Eisenstab in die Höhe, meine Eichel war blutrot und glänzend. Ich umklammerte meinen Schwanz mit einer Hand und begann, ihn zu wichsen. Nein, ich habe nicht heftig masturbiert, ich wollte, daß dieses Wunder lange dauert. Ich habe nur die Haut an meinem Schwanz sanft hin- und hergeschoben.

Mutter nahm jetzt den Handspiegel erneut zur Hand und beobachtete ihre Muschi darin. Sie spreizte ihre Schamlippen, so daß das feuchte Innere ihrer Fotze sichtbar wurde. Denn daß sie sehr feucht war, konnte ich auch aus dieser schlechten Sichtposition deutlich erkennen. Sie schob ihren Mittelfinger in ihre Scheide und machte damit Fickbewegungen. Meine Erregung steigerte sich ins Unendliche.

Dann zog meine Mutter den Finger aus ihrem Loch, nahm ihn in den Mund, leckte ihn ab und begann, damit diesen Punkt in ihrer Fotze zu massieren, der auch bei Anne so empfindlich war. Er ist so empfindlich wie die Eichel der Männer.

Soweit ich das durch das Schlüsselloch wahrnehmen konnte, hatte Mutter einen verhältnismäßig großen Kitzler. Er ragte bestimmt so einen Zentimeter aus den inneren Schamlippen heraus und schien ganz steif zu sein. Sie umkreiste diesen kleinen Weiberpimmel mit ihrem Finger, den sie ab und zu in den Mund nahm, um ihn zu benetzen. Dann wanderte ihr Finger wieder in ihr Loch, und sie fickte sich damit.

Anne erklärte mir, daß meine Mutter ebensolche sexuellen Bedürfnisse hat wie jeder andere Mensch, und das sah ich auch ein. Trotzdem verblüffte mich die Geilheit, mit der sie sich befingerte. Sie stöhnte dabei sehr laut und gab wimmernde Töne von sich. Ich wäre darüber bestimmt erschrocken gewesen, wenn ich nicht auch von Anne ähnliche Töne gehört hätte. So wußte ich, daß es Töne der Wollust waren, die ich bei mir immer zu unterdrücken versuchte, um meine geheime Leidenschaft nicht zu verraten.

Lange spielte Mutter mit sich, und ich habe dem Himmel gedankt, daß sie so saß, daß ich – soweit das kleine Loch in der Tür es ermöglichte – alles deutlich sehen konnte. Mutters Leidenschaft steigerte auch meine Geilheit, so daß auch ich heftiger zu masturbieren begann.

Dann sah ich plötzlich, wie Mutters Hand den Griff des Handspiegels gefühlvoll umschloß. Dieser hatte einen verhältnismäßig langen, hölzernen Stiel. Und diesen Stiel steckte sie sich in ihr Fickloch. Tief ging der Stiel des Spiegels hinein und Mutter fickte sich damit. Sie wurde dabei immer lauter. Deutlich konnte ich vernehmen, daß sie dabei sprach. Ich hörte Worte wie »Ah, meine Fotze, komm, fick mich, fick meine Fotze«. Dann: »Einen Schwanz brauche ich. Gib mir einen Schwanz, einen Schwanz für meine Fotze!«

Meine Bewegungen an meinem Pimmel wurden immer heftiger. Ich glaube, ich habe mein Wichstempo unwillkürlich dem Tempo meiner Mutter angepaßt. Und als sie dann fast zu schreien begann: »Ah, ah, ah, mir kommt's, es ist so guuuuuut, jetzt, jetzt, jeeeetzt!« und sie ihre Beine zusammenpreßte, in demselben Moment spritzte auch mein Schwanz los.

Ich hatte das Gefühl, daß mein Samen nie aufhörte zu spritzen. Um den Boden oder die Tür nicht zu beschmutzen, habe ich meine andere Hand vor meine Schwanzspitze gehalten, um die Spritzer aufzufangen. Trotzdem gingen einige Tropfen daneben. Meine Lust war unbeschreiblich. Ich flüsterte: »Oh, Mutter, liebe Mutter, ich liebe dich, Mutter!« Zumindest hoffte ich, geflüstert zu haben. Denn Mutter hob den Kopf und schaute in die Richtung, wo ich vor dem Schlüsselloch kauerte. Dann stand sie auf und kam schnurstracks zur Tür und wollte eintreten, doch die Tür war durch den Haken verriegelt.

»Ben, bist du da?« hörte ich Mutter fragen.

»Ja, Mutter«, antwortete ich, »ich bin gleich fertig.« Ich zog an der Spülung, als ob ich soeben die Toilette benutzt hätte und wusch mir die Hände. Da ich einen Pyjama anhatte, öffnete ich die Tür: »Mutti, du kannst kommen«, und – sie stand splitternackt vor mir! Sie ergriff die Klinke und zog die Tür schnell zu. »Mein Junge, du darfst meine Tür nie ohne anzuklopfen öffnen.« Ihre Stimme klang ärgerlich.

»Entschuldige«, murmelte ich, ging in mein Zimmer und schlüpfte ins Bett. Mutter hielt sich kurz im Badezimmer auf, dann ging meine Tür auf, und sie trat in mein Zimmer. Sie war im Nachthemd, was ihre Figur neidisch vor meinen Augen verdeckte. Nur ihre schöne Arme waren frei, und als sie sich über mich bückte, sah ich die kleinen Haarbüschel unter ihren Achselhöhlen, was meinen Schwanz erneut anschwellen ließ. Nur gut, daß es durch die dicke Decke nicht zu sehen war.

»Entschuldige bitte, daß ich dich so angeschrien habe«, sagte sie. »Es gehört sich nicht, daß ein Junge seine Mutter nackt sieht. Aber ich bin dir nicht böse. Du konntest doch nicht wissen, daß ich splitternackt vor der Tür stehe. Oder?« Und in ihrer Stimme klang etwas Seltsames.

»Bitte entschuldige, Mutter«, sagte ich.

»Ist schon gut«, antwortete sie, »jetzt schlaf gut und

träum was sehr Schönes. Gute Nacht!« Und sie umarmte mich mit ihren weichen Armen.

»Ich liebe dich, Mutter«, sagte ich, ergriff ihren Kopf und drückte meinen Mund auf ihre Lippen. Ich versuchte, meine Zunge zwischen ihre Lippen zu stecken, doch Mutter trat zurück: »So darfst du deine Mutter nicht küssen«, sagte sie noch. Dann trat sie einen Schritt zurück. »Mein Gott«, sagte sie und ging.

Es wurde nicht mehr über den Vorfall gesprochen. Doch ich wußte, wenn solche stöhnenden Töne durch die Wand zu mir drangen, daß sich meine Mutter befingerte und genoß. Ich versuchte, durch das Schlüsselloch zu spähen, doch ich bekam nichts mehr zu sehen; irgendein Gegenstand – vielleicht ein Stuhl mit irgendeinem Kleid darüber – stand so, daß mir jegliche Sicht in Mutters Schlafzimmer versperrt war.

Ich habe in einem Kriminalroman gelesen, daß, wenn man ein Trinkglas an die Wand hält und sein Ohr dagegen drückt, man durch die Wand lauschen kann. Ich habe es ausprobiert, und es funktionierte wirklich. So konnte ich, wenn Mutter ihr Fötzchen bearbeitete, Wortfetzen hören, wie: »Ficken, ficken, ich möchte gefickt werden.« Und: »Mein Gott, warum fickt mich niemand? Ich brauche einen Schwanz! Oh, meine Möse ist so heiß« und ähnliches. Es ist kein Wunder, daß ich in ständiger Erregung war. Ich konnte an nichts anderes mehr denken, nur an Mutters Körper. Ich versuchte, wann es nur möglich war, sie zu berühren. Ich schmiegte mich an sie, ich streichelte über ihre Hand und ihre Arme. Wenn ich an ihr vorbeiging, habe ich sie mit meinem Körper wie unbeabsichtigt berührt. Mutter fiel dies nicht auf, oder sie tat so, als ob sie es nicht bemerkte.

Meine ständige Erregung bewirkte, daß ich auch in der Schule schlechter wurde. Es fiel auch meiner Klassenlehrerin, einer etwa fünfzigjährigen Frau auf. Sie hatte ein schönes Gesicht, aber übergroße Brüste, einen kleinen Bierbauch und einen großen, breiten Hintern. Sie fragte mich, was mit mir los sei, ich gab ihr aber ausweichende Antworten.

Um die ständige Gereiztheit zu mildern, wichste ich mehrmals täglich. Das viele Onanieren bewirkte, daß sich meine Vorhaut entzündete. Sie war rot, vom vielen Wichsen wundgerieben – und das tat weh. Es entging auch der Aufmerksamkeit meiner Mutter nicht, daß ich mich auf so merkwürdige Weise bewegte. Beim Gehen, aber auch beim Sitzen hatte ich eine gebückte Haltung, damit die Hose nicht scheuerte.

Mutter ging auch nicht wortlos darüber hinweg. Sie fragte immer wieder, was mit mir los sei, warum ich mich so seltsam bewege, ob ich Schmerzen habe. Ich gab ihr ausweichende Antworten, doch sie bohrte so lange, bis ich ihr reinen Wein einschenken mußte.

»Beim Turnen hat mich meine Unterhose wundgescheuert«, log ich.

»Das muß ich sofort sehen«, sagte Mutter.

Ich wehrte ab, wollte mich herausreden, doch Mutter ließ nicht mit sich reden. Sie befahl mich in ihr Zimmer, setzte sich vor ihren Toilettenspiegel und winkte mich zu sich. »Zeig mir, wo tut es dir weh«, sagte sie. Ich deutete auf die Stelle. Da ich mich aber

Aber ich hatte das Gefühl, daß es nicht allein die mütterliche Fürsorge war, mit der sie meinen Schwanz behandelte. Dazu beschäftigte sie sich zu lange damit. Auch meine Erektion störte sie nicht.

Mit unendlicher Sanftheit streichelte sie meinen Schwanz, ihre Hände immer wieder mit Salbe füllend, meine Haut auf- und abschiebend. Sie strich mit ihren Fingern über meine Eichel, über das kleine Loch, wo die ersten Liebestropfen erschienen waren. Ich stand vor ihr, ihr Kopf war gesenkt. Jetzt bückte ich mich und drückte meinen Mund auf ihre Schulter neben dem geöffneten Kragen ihrer Bluse.

Ich spürte den Höhepunkt kommen. Meine Erregung erreichte den Punkt, wo ich mich nicht mehr zurückhalten konnte. Von Lust gepeitscht, ergriff ich Mutters Kopf mit beiden Händen. Ich drehte ihr Gesicht zu mir und drückte meinen Mund auf den ihren. Ich versuchte meine Zunge zwischen ihre Lippen zu zwingen. Erst wehrte sie sich dagegen, dann ließ sie meine Zunge eindringen und ich spürte, daß auch ihre Zunge sich gegen meine drückte.

Und dann brach es bei mir los. Mein Pimmel begann zu pulsieren, mein heißes Sperma durchlief meinen Schwanz und schoß vorne in langen, lustvollen Spritzern heraus. Mutter hielt meinen Schwanz dabei mit ihren beiden Händen fest, und es fühlte sich so an, als ob ich in eine Vagina ejakulierte.

»Oh, Mutter, oh, Mutter!« stöhnte ich in meiner Lust. Und dann, als die Lust verebbte, sagte ich noch: »Entschuldige, Mama, ich wollte es nicht!«

»Ist schon gut, mein Liebling«, sagte sie, »es ist

nichts geschehen, was nicht normal wäre. Es ist gut so. Mach dir keine Gedanken!« Dann fügte sie noch hinzu: »Aber so küssen darfst du deine Mutter nicht.« Dann trocknete sie meinen Schwanz mit einem Taschentuch ab. Ich ging in mein Zimmer, warf mich auf mein Bett und war einfach glücklich.

Später hörte ich Mutters Stimme aus ihrem Zimmer. Sie masturbierte lange und war dabei ganz laut.

Es wird viel darüber diskutiert, ob man Liebe und Sex voneinander trennen kann. Das wird lediglich von Laien verneint. Ja, man kann sexuelle Wünsche und Gelüste von dem Objekt seiner Liebe trennen. So war es auch bei Ben. Unsterblich in seine Mutter verliebt, konnte er sexuell mit der Nachbarin verkehren und dabei volle Befriedigung finden. Gewiß, in der Ekstase dachte er immer an seine Mutter, doch er wußte ja, daß die Frau, deren körperliche Berührung er genießt, nicht die Geliebte seines Herzens war. Es ist auch gut so, denn wenn man die beiden Regungen nicht voneinander trennen könnte, würden alle diejenigen, die in jemanden verliebt sind, aber sich mit der geliebten Person – aus welchem Grund auch immer – nicht körperlich vereinigen können, völlig unbefriedigt. Und das würde die Fälle der Neurosen nicht unwesentlich erhöhen. Zum Glück hat Ben über dieses Problem nie nachgedacht. Seine gesundes Denkvermögen hat ihn instinktiv richtig handeln lassen.

Anne kam gleich am Tage ihrer Ankunft bei uns vorbei. Sie sagte, ich soll schnell vorbeikommen, es wäre etwas zu erledigen. Kaum waren wir bei ihr angekommen, griff sie mir zwischen die Beine und sagte: »Komm, fick mich schnell! Zwei Wochen lang hatte ich nichts zwischen den Beinen, ich kippe vor Geilheit um. Morgen kommt mein Mann nach Hause, dann gibt es bei mir nur Hausmannskost, wir können nichts miteinander machen. Jetzt ficken wir auf Vorrat!«

Bevor sie mit diesem Monolog zu Ende war, stand sie auch schon ohne Kleider vor mir. Sie riß auch meine Kleider herunter. Ich griff nach ihrem Arsch, aber sie packte meinen Schwanz, legte sich rücklings auf das Bett und zog mich auf sich. Sie dirigierte meine Schwanzspitze zu ihrem Loch, und ich versenkte meinen Pimmel bis zum Anschlag in ihre triefende Fotze. Es war herrlich. Ich habe ihre Geilheit sehr genossen, denn ich war ebenso scharf auf sie wie sie auf mich. Wir fickten wie wild, und es dauerte nicht allzu lange, bis wir beide zum Höhepunkt gekommen waren. Ich hatte das Gefühl, daß ich einen Liter Sperma in ihre Möse pumpte. Atemlos lagen wir dann nebeneinander. Sie streichelte meinen erschlafften Schwanz: »Der hat mir sehr gefehlt«, sagte sie.

Nach kurzer Zeit erholte ich mich, ich hatte ja Vorrat in den Hoden und bestieg sie erneut. Wir fickten langsamer, jeden Stoß auskostend. Anne lächelte.

»Woran denkst du jetzt?« fragte ich sie.

Anne kicherte: »Ich habe daran gedacht, daß ich meinen Mann morgen in demselben Bett zu mir lasse, in dem ich ihn mit dir betrogen habe. Sein Schwanz wird stehen, und er wird nicht ahnen, daß du meinen Vorgarten so schön bearbeitet hast. Er denkt, ich warte nur auf seinen Schwanz und weiß nicht, daß ich mich in seinem Ehebett durchficken lasse. Das ist irgendwie pervers, und es erregt mich.«

Auch mich erregte der Gedanke, daß sich Anne am nächsten Tag im selben Bett einen anderen Schwanz in ihre Möse schieben lassen wird. Mein Pimmel versteifte sich noch mehr, und ich begann zu spritzen.

»Schon fertig?« fragte Anne. »Schade! Ich möchte noch mehr. Oder du sollst mich lecken!«

»So?« fragte ich und deutete auf meinen Samen, der aus ihrer Vagina sickerte.

»Ja, so«, klang Annes Stimme entschieden. »Leck deinen eigenen Samen aus meiner Möse. Das ist geil, das wird mich erregen und befriedigen!«

Gehorsam nahm ich zwischen ihren Schenkeln Platz und begann, ihre Spalte zu lecken. Plötzlich fand ich die Sache auch irgendwie pervers und erregend. Tief steckte ich meine Zunge in ihr nasses Loch und schob meinen Samen mit der Zunge auf ihren Kitzler. Anne bewegte wild ihren Arsch, und ich mußte mich an ihr festhalten, um nicht weggeschleudert zu werden. »Fick mein Loch mit deiner Zunge, du Schwein«, röchelte Anne. »Fick mich mit deiner Zunge. Schlürfe deinen Dreck aus mir heraus! Ah, ich komme, ich komme, es ist ...«

Weiter kam sie nicht; ihr Bauch zog sich im Krampf zusammen, und sie machte noch einige Stoßbewegungen, begleitet von tiefen Seufzern.

Mein Schwanz stand wieder, und ich begann, sie erneut zu ficken. Anne umarmte meinen Hals mit beiden Händen. Sie preßte ihre nackten Fersen auf meinen Arsch, um mich tiefer in sich zu drücken. Ihr Mund war an meinem Ohr, und sie flüsterte mir zu: »Sag mir jetzt alles. Hast du deine Mutter wieder belauscht? Hast du ihre Fotze gesehen? Möchtest du deinen Schwanz in ihre Fotze reinstecken? Möchtest du sie so richtig durchvögeln, dein Sperma in ihr Fickloch spritzen?« Diese Fragen schienen sie sehr zu erregen, aber sie erregten auch mich. Ich konnte nur »Ja, ja, ja« sagen. Dann spritzte ich los und spürte dabei, daß auch Annes Fotze von einem Gewitter geschüttelt wurde. Zum ersten Mal haben wir einen gemeinsamen Orgasmus erlebt.

Nachdem wir uns einigermaßen beruhigt hatten, nahm mich Anne in die Arme und sagte: »Ich glaube, wenn du ein bißchen Glück hast, wirst du noch deine Mutter vögeln können. Ich gönne dir das aus vollem Herzen und ihr auch; denn auch sie braucht einen harten Schwanz. Sie ist noch jung und so schön, ich kann mir gar nicht vorstellen, daß sie sich noch keinen Pimmel angelacht hat.« Dann sah sie mir tief in die Augen: »Liebst du sie sehr?« Ich sagte nur »Ja«. »Bist du in sie verliebt?« Ich sagte wiederum »Ja«.

Anne schwieg. Dann sagte sie plötzlich: »Zieh dich jetzt an und geh nach Hause. Wir wollen kein Aufsehen erregen. Morgen kommt mein Mann. Du kommst wie gewohnt zur Arbeit. Er darf nichts bemerken. Ich weiß nicht, wie ich es machen werde, aber vielleicht ergibt sich eine Gelegenheit, daß wir zusammenkommen. Küß mich jetzt und geh!«

Zu Hause angekommen, fiel meiner Mutter meine rote Gesichtsfarbe auf. »Was ist mit dir geschehen?

Warum hast du denn einen so roten Kopf?«

»Ach nichts, Mama«, stotterte ich, »ich habe nur einige schwere Möbelstücke gehoben.«

Mutter sah mich ernst an, aber sie sagte nichts mehr. Ich ging in mein Zimmer, wo ich aus meiner Schublade einige Elektronikteile holte. Schon damals – das war am Anfang des Elektronik-Zeitalters – hatte mich die Sache sehr interessiert. Sie wurde später auch zu meinem Beruf. Ich wollte eine Abhöranlage zusammenbasteln, damit ich die Töne aus dem Zimmer meiner Mutter besser verstehen konnte. Die Sache ist eigentlich ganz einfach, sie ist mit wenigen Zubehörteilen zu bewältigen. Daß es nicht ehrlich ist, andere zu belauschen, solche Gedanken quälten mich nicht; ich wollte meine Mutter nicht belauschen, sondern ihr näher sein. Am besten hätte ich den ganzen Tag ihren Herztönen gelauscht.

Es war ziemlich schwierig, die ‚Wanze' in Mutters Zimmer unterzubringen. Ich hatte mich entschlossen, ein kleines Loch in die unsere Zimmer trennende dünne Wand zu bohren und das winzige Mikrofon darin zu verstecken. Um ein Loch zu bohren, ohne dabei erwischt zu werden, mußte ich abwarten, bis Mutter aus dem Haus ging.

Dabei konnte mir Anne eine gute Hilfe sein. Am nächsten ‚Arbeitstag' bat ich sie heimlich, Mutter für einige Stunden von zu Hause wegzulocken. Sie wollte wissen, wozu das gut sein sollte. Ich vertröstete sie mit meiner Erklärung aber auf später. So geschah es dann, daß Anne für den nächsten Nachmittag Mutter zum Kaffee einlud. Sie hat mir auch versprochen, daß sie meine Mutter mindestens zwei Stunden lang ‚in Schach halten' würde.

Kaum war Mutter am nächsten Nachmittag aus dem Haus, begann ich, das Loch zu bohren. Ich habe genaue Berechnungen angestellt: Das Loch mußte sich dort befinden, wo die Stukkatur in Mutters Zimmer an die glatte Wand grenzt.

Einem schnellen Entschluß folgend, bohrte ich ein zweites Loch dicht daneben, diesmal etwas größer.

Ich führte das winzige Mikrofon in das kleinere Loch, und von meiner Seite verlegte ich den Empfangsteil unter dem Putz. Nur ein kleines Loch blieb für den Kopfhörerstecker frei.

Gleich am selben Abend prüfte ich mein Werk. Nach dem Abendessen sagten wir einander gute Nacht, und Mutter verzog sich in ihr Zimmer. Ich hörte sie noch strullen und sich waschen, aber ich lauschte diesmal nicht an der Badezimmertür. Ich lag in meinem Bett, den Kopfhörer an den Ohren und mein Auge an das etwas größere Loch in der Wand gedrückt.

Sie ging zu ihrem Bett, schlug die Decke zurück, holte ihr Nachthemd und ließ es von oben über ihren Kopf auf ihren Körper gleiten. Dann stand sie etwas unentschlossen da, strich mit beiden Händen über ihren Körper. Sie erfaßte ihre Brüste durch das Hemd und drückte ihre Hand fest auf diese. Dann glitt eine Hand nach unten, sie faßte sich – ebenfalls durch den Stoff des Nachthemdes – zwischen ihre Beine. Es war eindeutig: Sie drückte ihre Hand auf ihre Scham.

Mein Schwanz war schon steif, seit ich meine Mutter durch das Loch in ihrer vollen nackten Schönheit erblickte. Es war eindeutig, daß sie plötzlich geil wurde. Ich fragte mich, worüber sie sich mit den Goldstones unterhalten hatte. Hat sie dort etwas gehört, was sie erregte? Ich wußte es nicht.

Ich sah nur, daß sie das Nachthemd wieder abstreifte und sich nackt wie sie war auf das Bett setzte. Sie begann, ihre Brüste zu streicheln, sie zwirbelte ihre Brustwarzen zwischen den Fingern, so daß sie stark hervortraten. Dann lehnte sie sich etwas zurück. Während sie mit einer Hand weiterhin ihre Brüste bearbeitete, glitt ihre andere Hand nach unten zwischen ihre Beine. Diese waren noch immer verschlossen, aber ihre Hand wühlte dazwischen.

Im Kopfhörer hörte ich deutlich ihre Seufzer. Auch einige zerhackte Worte, wie »Mein Gott, ich brauche es so sehr«. Dann öffnete sie ihre Schenkel, rutschte auf dem Bett nach vorne, so daß ihr Popo direkt auf der Bettkante zu liegen kam und zog ihre Beine etwas nach oben. Ihre Scham offenbarte sich meinen gierigen Augen, und ich sah mit großer Erregung, daß sie sich mit einem Finger zu ficken begann.

»Mein Gott, ich bin so heiß«, hörte ich im Kopfhörer. »Ich möchte gefickt werden. Ich möchte von dir gefickt werden. Ich möchte, daß du mich durchfickst mit deinem schönen großen Schwanz«, während ihre Hand auf ihrer Fotze einen Veitstanz vollführte.

Obwohl oder gerade weil ich nicht wußte, wem diese Worte galten, stieg meine Erregung ins Unermeßliche. Dachte sie vielleicht an Mr. Goldstone? Wurde dort ein solches Thema angeschlagen?

Mir fiel auch auf, daß sich Mutter diesmal nicht auf dem Stuhl sitzend befriedigte; so hätte ich sie aus meiner Position nur von der Seite sehen können. Nein sie saß auf dem Bett, was viel bequemer war, und ich dankte dem Schicksal dafür, weil ich so geradewegs in ihre offene süße Fotze sehen konnte. Als sie dann ihre Schamlippen mit beiden Händen auseinanderzog, wodurch sich das wunderbare Innere ihrer teuren Mutterfotze meinen Augen präsentierte, schoß ich meinen Samen ab.

Aber Mutter führte ihr Spiel weiter. Ich wußte nicht, ob ich auf Mr. Goldstone wütend werden sollte, weil Mutter ihn vielleicht begehrte. Aber bisher hat Mutter seit dem Tod meines Vaters keinen einzigen Mann an sich herangelassen. Warum gerade jetzt, und gerade diesen etwas beleibten Mr. Goldstone? Ich schob diesen Gedanken als absurd beiseite. Oder hat sie sich an ihrem Arbeitsplatz (sie arbeitete in einem Großraumbüro) jemanden angelacht? Hat ihr vielleicht jemand unter den Rock gegriffen und sie aufgegeilt? Die Eifersucht überflutete mich, doch gleichzeitig wurde ich noch geiler bei dem Gedanken, daß ein Mann ihr seinen Pimmel in die Fotze stecken könnte. Auch die Seufzer und das Winseln meiner Mutter sowie die schweinischen Wortfetzen: »Ficken, Pimmel, Fotze, spritzen« steigerten meine Geilheit, und ich schoß meine zweite Ladung ab, sobald ich sie schreien hörte: »Es kommt mir, jaaaa, oh, es ist guuut!«

Zwei Tage später ging ich wieder zu den Goldstones, um zu arbeiten. Im Garten gesellte sich Anne zu mir. »Geh in den Schuppen, ich komme nach.«

Ich ging in den Schuppen, Anne folgte wenig später. Als erstes gab sie mir einen feuchten Kuß. Ich fragte sie dann: »Worüber habt ihr vorgestern mit meiner Mutter gesprochen? Hat dein Mann sie angemacht?«

»Keineswegs«, antwortete Anne. »Wir haben über alles mögliche gesprochen, aber über nichts, was sie hätte antörnen können. Warum fragst du?«

Es brach aus mir heraus: »Weil sie gestern abend masturbierte, sie war sehr laut, und ich hörte durch die Wand, wie sie gesagt hat, wie ‚Komm, fick mich, ich will von dir gefickt werden' und ähnliches.«

»Nee«, sagte Anne, »da war nichts. Ja, ich habe ihr scherzhaft gesagt, sie solle sich einen Mann anschaffen, alleine würde sie doch nur versauern, aber sie antwortete, daß, solange ihr Junge nicht erwachsen ist, sie keinen Mann haben will. Ich habe ihr noch scherzhaft gesagt, daß ich ihr im Notfall meinen Mann ausleihen könnte – und ich glaube, er würde auch gerne mitmachen – aber deine Mutter sagte nur ‚Nein, danke'. Ich wollte dir aber etwas anderes zeigen«, sagte Anne dann. Sie hob den Rock. Sie hatte nichts drunter, und ich sah ein kleines Wunder: ihre nackte, blitzblank rasierte Fotze.

Mir wurde heiß. Ich warf sie einfach auf eine alte Werkbank, die im Schuppen herumstand, spreizte ihre Beine und stürzte mich mit offenem Mund auf dieses nackte Paradies. Ich leckte sie und konnte von ihrer nackten Fotze nicht genug bekommen. Anne wurde dabei so laut, daß ich befürchtete, Mr. Goldstone könnte uns hören.

Dann holte ich meinen Schwanz raus. Er war stahlhart, und ich schob ihn in Annes klaffende Möse. Ich war so erregt, daß ich vielleicht nur zehn bis zwölf Stöße machte, dann konnte ich mich nicht mehr beherrschen und ließ meinen Saft in ihre Fotze fließen.

Auch Anne war fix und fertig. Sie bat mich um ein Taschentuch und reinigte sich flüchtig. »Ich muß schnell ins Bad«, sagte sie, »damit mein Mann nichts bemerkt. Er meint, ich habe mich ihm zuliebe rasiert, er ist ganz wild darauf.« Dann sagte sie noch: »Aber ich glaube, er würde auch liebend gerne seinen Pimmel bei deiner Mutter reinstecken, aber ich denke, er hat keine Chance. Deine Mutter ist so sehr auf dich fixiert, ich wette, daß du sie bald ficken wirst.«

»Schön wär's«, sagte ich.

Anne verschwand aus dem Geräteschuppen, und nach einigen Minuten folgte ich ihr.

Nach weiteren zwei Tagen kam ich wieder zu den Goldstones herüber. Diesmal war Anne allein zu Hause. Wir haben einen schönen Fick miteinander gehabt, dann fragte sie mich aus, wie es war, während sie verreist war. Ich erzählte ihr, daß ich mit meiner Klassenlehrerin gefickt hätte. Anne fand es fabelhaft, daß sie so gut vertreten worden war. »Habt ihr seitdem noch einmal miteinander gefickt?« fragte sie.

»Nein«, war meine Antwort, »aber wenn du mich im Stich läßt, werde ich auf ihre Fotze zurückgreifen.«

Darüber haben wir beide herzlich gelacht.

Nach ein paar Tagen verreiste Mr. Goldstone wieder für drei Wochen, und ich hatte freien Zugang zu Anne. Wir hatten schöne Stunden miteinander erlebt, von

Arbeit war da keine Rede. Trotzdem bekam ich meinen ‚Lohn', den Anne immer nach oben rundete. Demnach war ich ein ‚Halbseidener', weil ich mein Geld nicht mit Arbeit, sondern mit meinem Schwanz verdient habe. Ich führte mit Anne aber auch eine ernste Konversation, wobei das Gespräch sich meistens um meine Gefühle zu meiner Mutter drehte. Ich beklagte mich, daß ich so große Sehnsucht nach körperlicher Vereinigung mit meiner Mutter hätte, doch sie schien mir unerreichbar zu sein.

Anne fragte mich, ob meine Mutter schon lesbische Kontankte hatte. Das konnte ich nicht beantworten, aber ich verstand auch nicht den Zweck dieser Frage. Anne erklärte es so: Sie hatte schon lesbische Erlebnisse. Nein, sie war nicht lesbisch, eher könnte man es bi nennen. Also, sie hatte Sex mit Männern und mit Frauen. Sie fragte, wie ich darüber denke, wenn sie meine Mutter verführen würde, um sie sinnlicher zu machen.

»Das brauchst du nicht«, war meine Antwort, »Mutter ist geil genug. Sie masturbiert fast jeden Tag.«

»Aber ich meine«, so Anne, »mit etwas Fötzchenspiel kämen wir einander näher, und ich könnte sie überzeugen, daß sie zu dir ins Bett kriechen sollte.«

»Das wäre fein«, freute ich mich.

Am nächsten Tag erzählte mir Anne, daß sie mit meiner Mutter gesprochen hätte, und sie fragte, ob sie sich nicht über Sachen wie Sex unterhalten könnten. Mutter sagte zu, aber unter der Bedingung, daß dieses Gespräch nur dann stattfindet, wenn ich nicht zu Hause bin. Nun, vormittags mußte Mutter arbeiten, so haben sie vereinbart, daß mich Anne am nächsten Nachmittag in die Stadt schickt, um etwas zu erledigen. Sie wird das so einrichten, daß ich nicht zu früh zurückkehren kann, so werden sie mindestens drei Stunden ungestört miteinander sprechen können.

Am besagten Nachmittag kam Anne zu uns herüber und übergab mir eine unendlich lange Liste von Erledigungen.

»Das wird lange dauern«, sagte ich, dann lief ich los. Allerdings ging ich nicht allzu weit weg. Nach etwa zehn Minuten kehrte ich heimlich zurück, kroch durch das Kellerfenster, das ich für diesen Zweck offen gelassen hatte, und schlich auf Zehenspitzen in mein Zimmer. Ich legte mich aufs Bett, Kopfhörer auf die Ohren und drückte mein Auge auf das Guckloch.

Mutter und Anne saßen am Tisch und tranken Kaffee. Ich hörte ihr Gespräch ganz genau und konnte beide Frauen gut sehen, da sie sich in meinem Blickwinkel aufhielten. Sie sprachen über allerlei Sachen, über den Haushalt, über die Preise, über Kleider und ähnliche Dinge. Ich befürchtete schon, vor Langeweile einzuschlafen, aber dann hörte ich einen Satz, der mich aufhorchen ließ: »Und natürlich die Männer! Die sind an allem schuld!« Dann entwickelte sich folgendes Zwiegespräch:

Anne: »Wenn es keine Männer gäbe, wäre die Welt doch einfacher und schöner.«

Mutter: »Und wer sollte dann die Kinder bringen? Vielleicht der Storch?«

Anne: »Na, für diesen Zweck könnten wir einige Männer behalten, aber nur solche mit einem großen und gesunden Zauberstab. Die könnten dann die Frauen, die Kinder wünschen, besamen.«

Mutter: »Aber nicht nur für das Besamen sind die Männer gut. Sie können mit ihrem – wie du sagst – Zauberstab auch Freude bereiten.«

Anne: »Ah, Freude können auch Frauen einander schenken.«

Mutter: »Was? Bist du vielleicht lesbisch?«

Anne: »Man muß nicht unbedingt lesbisch sein, um mit einer Frau Lust zu verspüren. Eine Frau weiß besser als jeder Mann, wo und wie man gestreichelt werden will. Oder willst du sagen, daß noch keine Frau bisher an deinem Fötzchen gespielt hat?«

Mutter: »Nein, das fiel mir noch nie ein.«

Anne: »Dann ist es höchste Zeit, es auszuprobieren. Du lebst wie eine Nonne, willst du auf alles Schöne auf dieser Welt verzichten? Möchtest du es nicht einmal ausprobieren?«

Mutter: »Ich kenne keine, die sowas macht.«

Anne: »Eine steht vor dir. Aber lassen wir das. Ich möchte etwas anderes fragen: Trägst du einen Büstenhalter? Deine Brüste wippen beim Gehen, als ob du keinen drunter hättest.«

Mutter: »Nein, ich habe keinen und brauche auch keinen.«

Anne: »Erzähl mir doch nicht sowas. Du hast gestillt, deine Brüste müßten eigentlich etwas hängen.«

Mutter: »Nein, sie hängen nicht.«

Anne: »Das glaube ich nicht. Zeig sie mir mal.«

Mutter öffnete ihre Bluse. Ihre wundervollen Brüste fielen nach vorne, und Anne nahm sie mit Begeisterung in ihre Hände. Sie betastete sie, drückte sie, streichelte sie. Dann sagte sie plötzlich: »Du, dies ist ein Wunder. Sie sind so schön, daß ich sie direkt küssen möchte. Erlaubst du mir, daß ich sie kurz küsse?« Mutter antwortete nichts, da drückte Anne ihren offenen Mund auf eine Knospe und begann, sie zu lecken und zu saugen.

Mutter: »Was machst du mit mir? Laß das. Du machst mich noch ganz verlegen!«

Aber Anne saugte weiter, während sie mit einer Hand die andere Brust meiner Mutter liebkoste, ihre Warze zwischen den Fingen zwirbelte und daran zog.

»Laß mich los!« sagte Mutter, doch sie drückte Annes Kopf auf ihren Busen. Sie atmete mit geöffnetem Mund, und sie begann auch zu stöhnen. »Du, ich weiß nicht, was mit mir ist ...«

Anne: »Das ist die Lust, die dir nur eine Frau bieten kann. Du hast wunderbare Titten, ich könnte sie den ganzen Tag lang küssen und streicheln. Schau mal, ich habe keine Kinder, ich habe nie gestillt, doch meine Brüste sind nicht so schön wie deine.« Anne öffnete ihre Bluse, nahm den Büstenhalter ab und präsentierte ihre Äpfelchen den Augen meiner Mutter.

Mutter: »Du kannst nicht klagen, auch deine Titten sind schön. Ich weiß nicht, meine sind so empfindlich. Jede Berührung geht durch bis zu meiner Scheide. Ich glaube, ich werde jetzt, wo du meine Titten geküßt hast, naß zwischen den Beinen.«

Anne: »Das ist schön! Genieße es. Komm, faß meine Brüste an. Streichle sie, ich möchte auch ein bißchen Genuß haben. So ist es schön! Ja, du machst es mir sehr schön! Küß sie auch. Ahhhh! Saug daran. Oh mein Gott, ich spüre es bis in die Fotze!«

Mutter: »Dann hören wir lieber auf!«

Anne: »Warum denn! Jetzt wo es schön ist, sollen wir aufhören? Komm, gib mir deine Titten wieder. Ich möchte daran lutschen. Hmmm! Hmmm, die sind süß. Dein Körper riecht so gut!«

Mutter: »Deiner auch.«

Mutter schien Gefallen an der Sache zu bekommen und knetete Annes Titten.

Anne: »Du, mir ist es so heiß. Komm, wir ziehen uns aus. Ben ist nicht da, keiner kann uns sehen.«

Die beiden Frauen legten ihre Kleider ab. Anne half Mutter aus dem Höschen und strich dabei leicht über ihr Schamhaar. Mutters Unterleib zuckte etwas. Anne begann, Mutters Arsch zu streicheln und drückte schließlich Küsse darauf.

Anne: »Du hast einen so schönen Arsch. Er ist so weiß, so elastisch, so weich und trotzdem knusprig. Ich liebe deinen Arsch!« Sie hielt dabei Mutter an ihrem Venushügel fest. Mutter schien ganz erregt zu sein. Plötzlich bekam auch sie Lust, Annes Arsch zu liebkosen. Sie gab ihr sogar kleine Klapse darauf. Die Hände beider Frauen gingen auf Wanderschaft. Sie streichelten den ganzen Körper der anderen, den Bauch, die Brüste, den Po, die Schenkel. Annes Hand verirrte sich wieder zu Mutters Brüsten.

Anne: »Wenn ich dich so streichle, geht es bis hierher durch?« Und sie legte eine Hand zwischen die Schenkel meiner Mutter.

Mutter: »Ja, wie ich schon sagte, ich habe sehr

empfindliche Brüste. Als ich Ben säugte, hatte ich dabei fast immer einen Orgasmus. Ich spürte seinen saugenden Mund an meiner Brustwarze und ...«

Anne: »In deiner Fotze.«

Mutter: »Ja. Ah, was machst du jetzt mit mir. Du hast mir einen Finger reingesteckt. Nimm ihn bitte raus. Er reizt mich so sehr. Hörst du? Du reibst jetzt meinen Kitzler. Ah, ich halte es nicht aus! Mir geht gleich einer runter! Ah, ah, hör nicht auf!«

Anne: »Spiel auch du mit meiner Fotze!« Mutters Hand verschwand zwischen Annes Schenkel, und ich sah, daß sie sich dort heftig bewegte.

Mutter: »Ich mag deine Fotze.«

Anne: »Ja, und ich mag deine! Komm, legen wir uns aufs Bett.«

Die beiden Frauen legten sich hin, ohne mit den gegenseitige Liebkosungen aufzuhören. Dann drückte Anne Mutters Beine auseinander, steckte ihren Kopf dazwischen, und ich sah deutlich, daß sie mit ihrer Zunge Mutters Spalte leckte. Es dauerte nicht lange, bis auch Mutters Kopf zwischen Annes Schenkeln verschwand, und die beiden Frauen beleckten sich gegenseitig. Dabei stöhnten und jauchzten sie sehr laut. Bald hörte ich Mutter rufen: »Leck mich, leck mich, ja, dort, den Kitzler. Ah, es kommt mir! Es kommt mir! Anne, fick mich mit deiner Zunge! Schön! Schööön! Ja, ja, jetzt ah ...!«

Auch Anne wand sich in Zuckungen, auch sie schrie unartikulierte Worte, und auch ihr Liebesnest ergoß sich in Wollust. Erschöpft lagen dann die Frauen, ihre Köpfe immer noch zwischen den schneeweißen Schenkeln der anderen. Aber auch mein Pimmel zollte seinen Tribut an die Schönheit der Frauen und entlud seine Liebestränen in meine Hand.

Mutter kam zuerst zu sich. Sie kroch vom Bett und ging so splitternackt, wie sie war, in die Küche und kam mit einer Kanne Kaffee zurück.

Mutter: »Es war sehr schön, Anne. Ich hätte nie gedacht, daß es mit einer Frau so schön sein kann.«

Anne: »Ja, aber das ist doch nur Ersatz. Jede Frau braucht einen Mann. Ich weiß nicht, wie du es ohne Mann aushältst. Wann hattest du zuletzt eine harten Kolben in der Fotze?«

Mutter: »Das war noch mein Mann.«

Anne: »Und seitdem nichts?«

Mutter: »Nein, seitdem hat mich kein Mann berührt. Ich will es auch nicht. Ich befriedige mich selbst, aber ich fürchte, würde ich mich einem Mann hingeben, dem würde ich verfallen. Und das will ich auf keinen Fall, solange Ben nicht auf seinen eigenen Füßen steht und von mir abhängig ist. Er ist das Ebenbild meines Mannes, den ich bis heute liebe, und er ist das Wichtigste für mich auf der Welt!«

Anne: »Ich glaube dir. Ich glaube aber auch, wenn ich einen solchen Sohn hätte, dem hätte ich mich schon lange hingegeben.«

Mutter: »Wie meinst du das?«

Anne: »Nun, ich ließe mich von ihm ficken. So ein strammer Bursche im Haus, bestimmt hat er auch einen strammen Kolben in der Hose, der dürfte nicht brach liegen!«

Mutter: »Bist du verrückt? Er ist doch mein Sohn!

Ich bin seine Mutter! Wie kannst du so was denken?«

Anne: »Na und? Ist er kein Mann? Und bist du keine Frau? Man müßte das nicht an die große Glocke hängen, ihr könntet aber ein schönes Leben haben. Ich glaube, er ist auch nicht aus Holz, er ist fast erwachsen, hat einen schönen Körper, er ist ein ganzer Mann. Und sicherlich hat er seine Bedürfnisse. Warum soll er seinen Samen in die Gegend spritzen?«

Mutter: »Nein, das darf nicht sein. Ich bin doch seine Mutter!«

Anne: »So, du bist also seine Mutter! Hat sein Anblick bei dir nie geile Wünsche geweckt? Schon als Kleinkind hat er deine Fotze zur Explosion gebracht, du selbst hast es erzählt. Und meinst du, er hat noch nie ein Auge auf dich geworfen? Ihr seid Tag und Nacht zusammen, eine hübsche, begehrenswerte, ja geile Frau ständig vor seiner Nase, auch wenn das seine eigene Mutter ist?«

Mutter: »Dir kann ich es sagen, ich fürchte, er ist wirklich geil auf mich. Ich habe schon bestimmte Zeichen entdeckt, mehr will ich nicht sagen, aber ich muß mich sehr zusammennehmen. Natürlich sehe ich, daß er ein Mann geworden ist.«

Anne: »Und er hat wahrscheinlich einen sehr strammen Pimmel!«

Mutter: »Ja, das hat er. Einmal hat er ihn wundgerieben. Er sagte, es war die Unterhose, aber ich weiß, daß er über Maß onaniert. Ich mußte seinen Schwanz einsalben. Ich sage dir, solch einen Kolben habe ich nur bei meinem Mann gesehen.«

Anne: »Du hast seinen Schwanz angefaßt?«

Mutter: »Natürlich habe ich das. Wie hätte ich ihn sonst einsalben können?«

Anne: »Und wie fühlte er sich in deiner Hand an?«

Mutter: »Ah, frag mich nicht. Ich hatte dabei fast einen Abgang. Und der Bengel spritzte in meiner Hand auch noch los. Du kannst dir vorstellen, daß ich danach mein Döschen heftig bearbeiten mußte.«

Anne: »Und dabei hast du mit Sehnsucht an den Pimmel deines Sohnes gedacht. Du hättest ihn am liebsten in deiner Fotze gespürt!«

Mutter: »Reden wir nicht darüber. Mir wird ganz anders, wenn ich daran denke.«

Anne: »Meine Liebe, ich sage dir, es ist eine Verschwendung, einen solchen Prachtschwanz brach liegen zu lassen.«

Mutter: »Reden wir nicht mehr davon!«

Mutter stöhnte laut auf. Anne griff wieder zu ihren Titten. Ich hielt es nicht länger aus, ich schlich aus dem Haus und lief in die Stadt, um zumindest einen Teil der Besorgungen zu erledigen, die mir Anne aufgetragen hatte.

Der Dichter sagt, daß in jedem Menschen zwei Seelen wohnen. Es ist tatsächlich so. In jedem Menschen ist ein winziger Anteil des anderen Geschlechts vorhanden, ich könnte es so ausdrücken: Jeder Mensch ist im Grunde bisexuell. Jedoch ist in jedem Menschen ein Teil dominant, so daß der andere Teil nicht in das Bewußtsein gelangen kann. Unter ungewöhnlichen Umständen aber treten die verborgenen Anlagen zutage. Nur so ist es möglich, daß etwa in Haftanstalten

Frauen und Männer, die bis dahin ausschließlich heterosexuelles Verhalten zeigten, plötzlich – aus Not – auch beim eigenen Geschlecht Erfüllung und Befriedigung finden.

Bei Frauen kommt es im Leben öfter vor, daß sie ihre Zuneigung zum eigenen Geschlecht entdecken. Der Grund dafür ist, daß Frauen untereinander leichter körperlichen Kontakt aufnehmen als Männer. Die Frauen küssen sich, umarmen sich, ohne sich dabei etwas zu denken. Doch bei diesem Körperkontakt können auch sexuelle Gefühle und Wünsche aufkeimen. So war es auch bei Bens Mutter. Sie wurde durch ihre Spiele mit der Nachbarin nicht lesbisch, doch sie wurde erregt. Dieses Ereignis hat viel dazu beigetragen, daß sich die Geschichte so entwickelte, wie es später aus Bens Bericht ersichtlich wird.

Eines Tages kam Mutter mit strahlenden Augen von der Arbeit nach Hause. Sie wedelte mit einem großen, farbigen Umschlag und rief: »Rate mal, was da drin steckt?« Ich war in Rätselraten nie besonders stark, deshalb wartete ich lieber ab, bis Mutter mir die Sache verriet.

»Ich habe gewonnen! Wir haben gewonnen!«

»Was haben wir gewonnen?« fragte ich. Da erzählte sie mir alles. Die Handelskette, bei der sie arbeitete, veranstaltete eine Art Lotterie für das Personal. Mutter hat zwar nicht den ersten Preis gewonnen, aber eine Urlaubsreise für zwei Personen nach Kalifornien! First-class-Hotel, volle Verpflegung und Taschengeld inbegriffen. Mutter umarmte mich, und wir tanzten wie zwei Kinder engumschlungen im Zimmer herum.

Unser Leben war bescheiden, Mutter hatte mich allein aufgezogen; für Luxus reichte es bei uns nie. Wir waren trotzdem glücklich und zufrieden, weil wir die Bescheidenheit von der Pike auf gelernt hatten.

Meine Schulferien näherten sich, und Mutter nahm für diese Zeit Urlaub. Die Vorbereitungen für diesen Sonderurlaub hatten wir schon getroffen. Mutter plünderte ihr Sparbuch und kaufte mir einen neuen Anzug, ein paar Hemden und Krawatten und für sich auch einige Kleidungsstücke. Darunter auch ein elegantes Abendkleid. »Ich habe nie ein Abendkleid gehabt«, sagte sie, »ich will aber schön aussehen, wenn ich mit dir abends ins Restaurant gehe!«

Dann kam der Tag der Abreise. Wir sind mit dem Flugzeug geflogen. Die Stadt, wo wir unseren Urlaub verbrachten, möchte ich nicht verraten; dort habe ich die glücklichsten Tage meines Lebens verbracht, das soll in meiner Erinnerung mein ureigenes Geheimnis bleiben. Aber was dort geschah, das muß ich Ihnen erzählen, Mrs. Blake.

Wir sind nachmittags im Hotel eingetroffen, und man hat uns als Mr. und Mrs. Highland begrüßt. Man hat wahrscheinlich ein Ehepaar erwartet. Wie ich schon erwähnt habe, sah meine Mutter wesentlich jünger aus als sie war, mir hat man dagegen meine Jugend nicht angesehen. Gewiß, man sah, daß ich etwas jünger war als meine Mutter, doch es gibt Ehen, wo der männliche Partner jünger ist als die Frau. Man hat uns als Mr. und Mrs. Highland angesehen und wir haben die Leute in diesem Glauben belassen.

Wir haben ein sehr komfortables, gemeinsames Zimmer mit Bad und allem Drum und Dran bekommen. Mutter schaute sich um und sagte: »Wir müssen anscheinend in einem Zimmer schlafen«.

Ich sagte darauf nichts, doch mich erfüllte die Tatsache, daß nachts meine Mutter auf dem Bett neben mir schlafen würde, mit erregender Erwartung.

Wir zogen uns um, und dann besichtigten wir die Stadt. Es war aufregend, in einer fremden Gegend in schöner Umgebung spazierenzugehen. Viel Abwechslung hatten wir in unserem bisherigen Leben nicht, desto mehr konnten wir die Situation genießen.

Das Abendessen im Hotelrestaurant war überwältigend; so luxuriös haben wir noch nie gespeist. Manchmal hatten wir auch Schwierigkeiten, weil wir nicht wußten, zu welchem Gericht wir welches Besteck nehmen sollten. Doch dann schauten wir zu, was die anderen Gäste machten, und so gelang es uns, den Abend ohne größere Pannen durchzustehen.

Es war auch aufregend, wenn der Ober mich (also den ‚Mann') fragte, welchen Wein wir zu den einzelnen Gerichten wünschten. Ich meisterte die Lage, indem ich fragte: »Welchen würden Sie uns empfehlen?« Dies habe ich in einem Film gesehen, und da ich in demselben Film auch sah, wie der Gast den Wein kostete und dann dem Kellner zustimmend zunickte, habe ich das auch so gemacht.

Meine Mutter sah mich an und sagte: »Du bist ein echter Gentleman. Und so männlich, so erwachsen.« Ihre Augen sahen mich strahlend an.

Als der Kellner mich dann fragte, ob wir das Frühstück im Restaurant oder auf dem Zimmer wünschten, schaute ich Mutter fragend an. »Auf dem Zimmer«, sagte sie, und als sich dann der Kellner entfernte, fügte sie noch hinzu: »Diesmal möchte ich mich verwöhnen lassen und mein Frühstück genießen. Und nicht wie sonst, wenn ich auf dem Sprung zur Arbeit alles hastig runterschlucke.«

Dann gingen wir auf unser Zimmer. Mutter schaute sich um: »Es wäre schön gewesen, wenn ich mit deinem Vater unsere Hochzeitsreise so hätte verbringen können.«

»Du bist jetzt auf der Hochzeitsreise«, sagte ich und Mutter seufzte: »Schön wär's!«

Ich trat zu ihr, umarmte sie und machte mit ihr einige Tanzschritte zur Musik, die aus dem Radio tönte. Sie schmiegte sich in meine Arme und schaute mit leuchtenden Augen zu mir hoch. Sie war ja kleiner als ich. Ich hielt sie in den Armen, dann küßte ich sie auf den Mund. Mutter schloß die Augen, doch dann stieß sie mich sanft von sich und gab mir eine kleine Ohrfeige, während sie sagte: »Ich habe dir schon gesagt, daß du mich so nicht küssen darfst. Ich bin deine Mutter!« Allerdings fühlte sich die Ohrfeige, die sie mir gab, eher wie ein Streicheln an.

Dann kam die Zeremonie des Zubettgehens. »Geh du zuerst in das Badezimmer«, sagte Mutter. Ich gehorchte ihr. Ich putzte meine Zähne und duschte mich, dann zog ich meinen neuen Pyjama an, den mir Mutter für diese Reise gekauft hatte. So ging ich in das Zimmer zurück.

»Wo soll ich schlafen?« fragte ich. Sie deutete auf eines der beiden Betten, dann verschwand sie im Bad.

Sie blieb sehr lange darin. Als sie herauskam, stockte mir der Atem. Ich habe sie bereits einige Male durch das Schlüsselloch nackt gesehen, aber in ihrem neuen Nachthemd war sie wie eine himmlische Erscheinung. Die dünne Seide war zwar nicht durchsichtig, aber sie schmiegte sich so an ihren Körper, daß alle ihre Formen fast greifbar vor meinen glücklichen Augen waren. Sie legte sich auf das andere Bett und sagte gute Nacht.

»Kriege ich keinen Gutenachtkuß?« fragte ich.

»Nein, das ist mir zu gefährlich«, erwiderte Mutter, was sie auch immer darunter verstand, und löschte die Nachttischlampe.

So lagen wir nun in zwei nebeneinanderstehenden Betten. Nur die Musik der Kapelle aus dem Hotelrestaurant drang ganz leise zu uns durch. Ich lag auf dem Rücken und spürte die Nähe meiner Mutter im anderen Bett. Ich konnte nicht schlafen.

Nein, ich hatte keine Erektion. Aber die Nähe meiner Mutter erfüllte mich mit einem Glücksgefühl. Ich hätte nur den Arm ausstrecken müssen, um sie zu berühren. Ich hörte ihren Atem, und ich wußte, ich spürte es deutlich, daß auch sie nicht schläft. Ich verhielt mich ruhig, damit sie nicht merkt, daß ich noch nicht schlafe, sie aber drehte sich mehrmals um, sie wälzte sich im Bett, unruhig, mich beunruhigend und verwirrend. Woran hat sie wohl gedacht? Welche Gedanken, Wünsche, Sehnsüchte kreisten in ihrem Kopf, in ihrem Körper? Ich habe erwartet, daß sie in der Dunkelheit zu masturbieren beginnt, aber sie tat es nicht.

Dann machte sie das Licht an. Sie stieg aus dem Bett, und dabei blieb ihr Nachthemd, das von ihren unruhigen Bewegungen ganz durchgewühlt aussah, irgendwie hängen, so daß ein kleiner Teil ihres Hinterns sichtbar wurde. In diesem Moment schnellte mein Schwanz in die Höhe.

Mutter ging zu unserem Gepäck und nahm irgendwelche Tabletten heraus. Sie wollte damit in das Badezimmer gehen, da fragte ich sie: »Was ist das, Mutter?«

»Schlaftabletten«, kam die Antwort. »Durch diese neuen Erlebnisse bin ich ganz durcheinander, ich kann nicht schlafen.«

»Gib mir auch eine Tablette, Mama«, bat ich.

Mutter kam aus dem Bad mit einem Glas Wasser zurück, das sie mir zusammen mit einer Tablette reichte. »Danke, Mama!«

Sie strich mit ihrer sanften Hand über mein Gesicht: »Kannst du auch nicht schlafen? Mein armer Junge!« Dann legte sie sich hin.

Die Tablette wirkte nach eine Weile, ich schlief ein.

Der Zimmerkellner weckte mich mit seinem Klopfen. Ich schaute zu Mutter rüber. Sie schlief noch, mit einem glücklichen Ausdruck auf ihrem schönen Gesicht. Sie war bedeckt, nur eines ihrer schlanken Beine war angewinkelt und dadurch frei sichtbar. Ich bedeckte ihr Bein, dann rief ich: »Sofort!«

Mutter wachte auf. »Was ist los?« fragte sie, und mir schien, sie hat die Situation noch nicht ganz klar erkannt.

»Der Zimmerkellner ist mit dem Frühstück da«,

sagte ich. Mutter setzte sich auf und zog ihr Nachthemd, das etwas mehr von ihrem Busen enthüllte als es sollte, vorne zusammen.

Der Zimmerkellner schob einen kleinen Wagen in das Zimmer, und zwei Aufsätze, die im Bett als Tisch dienen sollten. Er legte uns Bestecke darauf und einige köstliche Sachen. Dann schob er den Servierwagen ganz ans Bett, wünschte uns guten Appetit und ging.

Solch ein Frühstück haben wir in unserem Leben noch nie gehabt. Es waren Köstlichkeiten dabei, die wir noch gar nicht kannten, aber wir haben alles ausprobiert. Wir genossen dieses Glück in vollen Zügen.

Nach dem Frühstück rekelte sich Mutter, dann sprang sie aus dem Bett und lief in das Badezimmer. In der Eile schloß sie die Tür nicht ganz, sie blieb einen Spalt offen. Ich hatte großes Verlangen, hinzugehen und ihr heimlich zuzuschauen, aber ich überwand dieses Begehren. Ich wollte ihr den schönen Morgen nicht verderben.

Aber ich hörte sie strullen. Dann hörte ich, wie sie Wasser in die Badewanne einließ, wie sie im Wasser planschte, und ich hörte sie dabei singen. Das hat sie zu Hause im Bad nie gemacht. Anscheinend war sie glücklich, und das machte auch mich glücklich, denn sie war der einzige Mensch auf dieser Welt, der mir etwas – ja, alles – bedeutete.

Nach ihr nahm auch ich ein Bad, und dann gingen wir spazieren. Im strahlenden Sonnenschein schlenderten wir durch die eleganten Straßen. Sie hakte sich bei mir ein, und sie machte mich damit sehr glücklich. Durch den dünnen Seidenstoff ihres Kleides spürte ich ihre Brust an meinem Arm. In meinem Inneren hörte ich leise, glücklichmachende Musik. Wir gingen so Arm in Arm wie ein junges Liebespaar.

Wir waren es in Wirklichkeit, nur wußten wir das nicht – oder wollten das nicht wahrhaben.

Es war Samstag. Der Tag verlief sehr glücklich. Das Mittagessen im Hotel war auch ausgezeichnet, und der Ober teilte uns mit, daß am Abend ein Galadiner mit Musik stattfinden würde. Es ist Abendgarderobe erwünscht. Zum Glück hatte meine Mutter solche auch besorgt, als ob sie es im voraus geahnt hätte.

Der Abend war sehr schön. Die großen Leuchter waren ausgeschaltet, an jedem Tisch brannten nur schön dekorierte Kerzen. Verschiedene Kapellen spielten auf, und es wurde getanzt. Da wir alles frei hatten, haben wir den wunderbaren Getränken nicht widerstehen können, so daß wir sehr bald in euphorische Stimmung kamen. Mutter, die sonst nie trank, hat sich etwas zuviel genehmigt. Nein, sie war nicht betrunken, sie hatte nur einen kleinen Schwips. Ihre Augen strahlten, ich sah, daß sie glücklich war.

Ich erhob mich, verbeugte mich vor ihr und bat sie zum Tanz. Wie eine Herzogin reichte sie mir ihre Hand und ließ sich zum Parkett begleiten. Sie sah in ihrem eleganten Abendkleid auch so aus, als ob sie aus einem feudalen Schloß gekommen wäre. Sie war wunderschön, so schön, daß mein Herz jubelte, als ich sie ansah. Es wurde ein Walzer gespielt. Ich nahm sie in meine Arme und begann, mit ihr zu tanzen.

Ihren Gesichtsausdruck werde ich nie vergessen. Wie sie zu mir aufschaute, wie sie die Augen schloß, als es ihr von den Umdrehungen schwindlig wurde, wie sie dann wieder aufblickte und ihren Kopf nach hinten warf; eine Königin hätte mit ihr nicht konkurrieren können.

Nach dem Walzer setzten wir uns hin und prosteten uns mit Champagner zu. Mutter ließ das perlende Getränk in ihre Kehle fließen, ein Glas nach dem anderen. Dann haben wir nochmal getanzt. Ich merkte aber, daß Mutter, – infolge der ungewohnten Menge und Vielfalt der Getränke, die wir genossen hatten – bei einem schnellen Tanz ziemlich unsicher auf den Beinen stand. Deshalb setzten wir uns wieder hin, und Mutter griff wieder nach dem Glas. Ich habe sie nicht daran gehindert; wer weiß, wann sie in diesem Leben noch einmal diese Gelegenheit haben würde. Aber auch ich spürte schon den Alkohol im Kopf – und im Blut. Meine Hose beulte sich aus, so daß ich unter dem Tisch nur mühsam den Inhalt meiner Beule so plazieren konnte, daß sie anderen nicht auffiel.

Dann spielte die Kapelle einen Tango. Ich dachte, diesen langsamen Tanz könnten wir wagen. Ich forderte sie auf, und sie reichte mir ihre Hand, die ich küßte. Dann schlenderten wir zum Parkett.

Ich nahm Mutter in die Arme, und wir begannen zu tanzen. Es war weniger ein Tanz, mehr ein Hin- und Herschwanken. Ich hielt Mutter mit beiden Armen, sie legte ihre Arme um meinen Hals. Wunderbar fühlten sich ihre nackten Arme an. Ich drehte meinen Kopf zur Seite und drückte meine Lippen auf ihren Oberarm. Mutter protestierte gegen den Kuß nicht.

Als wir etwa eine halbe Stunde später aufbrachen,

um auf unser Zimmer zu gehen, konnte sich meine Mutter kaum noch auf den Beinen halten. Sie stolperte beim Gehen, ich mußte sie festhalten. Ich griff um ihren Rücken herum, dabei fiel mir ihre rechte Brust in die Hand. Es war schön.

Im Aufzug wollte sie sich unbedingt auf den Boden setzen. »Nein Mama«, sagte ich, »wir sind bald auf dem Zimmer; dort kannst du dich gleich hinlegen.« Aber ich spürte, daß auch ich zuviel Alkohol getrunken hatte. Meine Zunge bewegte sich schwer, das Sprechen fiel mir schwer. Und als der Lift oben ankam, wurde mir das Gewicht meiner Mutter etwas zu viel. Ich verlor das Gleichgewicht, und wir fielen hin.

Wir lachten laut. Dann richtete ich mich auf, nahm meine Mutter auf meine starken Arme und trug sie aufs Zimmer. Als ich mit meiner süßen Last über die Türschwelle trat, dachte ich, so trägt man seine Braut zur Hochzeitsnacht über die Schwelle.

Ich legte Mutter auf das Bett. Sie ließ alles mit sich geschehen, sie war wie eine leblose Puppe. Nur das glückliche Lächeln auf ihrem Gesicht zeugte von Leben. Sie lag rücklings auf dem Bett, ihre Beine hingen an der Bettkante herunter. So konnte ich sie nicht liegenlassen. Ich selbst, ziemlich betrunken, stand nicht ganz sicher auf den Beinen, doch ich war zumindest bei Bewußtsein. Ich streifte meine Schuhe von den Füßen, stieg auf das Bett und zog Mutters Körper in eine einigermaßen bequeme Lage.

Ich wußte, ich muß sie irgendwie entkleiden, denn in den Kleidern kann sie doch nicht schlafen. Ich kann heute nicht mehr sagen, wie ich sie aus dem

Abendkleid befreit hatte. Ich muß daran gezogen und gezerrt haben, ein Wunder, daß ich es nicht zerrissen habe. Doch endlich lag Mutter nur noch mit einem seidenen Hemd bekleidet vor mir.

Auch das Hemd konnte ich ihr irgendwie ausziehen, und da traf mich ein Blitzschlag: Mutter hatte keinen Büstenhalter und kein Höschen angehabt. Nur die seidenen Strümpfe lagen wie ein Hauch auf ihren schlanken Beinen.

Von den Getränken sowieso benebelt, blendete mich so viel Schönheit. Ihre wunderbaren vollen Brüste, von hellbraunen Knospen gekrönt, die nun steif in die Höhe ragten, raubten mir die Sinne. Die Brüste, die mich ernährt hatten, die Brüste, die ich so oft durch das Schlüsselloch betrachtete, lagen jetzt frei vor meinen Augen. Ich bräuchte nur meine Hände auszustrecken, um sie zu berühren. Aber ich wagte es nicht. Ich hauchte nur je einen winzigen Kuß auf diese marmornen Wunder, um sie nicht zu wecken. Ihr Bauch, auf den jedes siebzehnjährige Mädchen stolz gewesen wäre, und das Dreieck mit seiner Gabelung der Oberschenkel, das weiche Haarmoos, das die Spalte nur ahnen ließ, das alles machte mir das Atmen schwer. Ich dachte aber – soweit mein benebeltes Gehirn noch denken konnte – es ist doch meine Mutter. Wenn ich ihren Körper auch noch so sehr begehrte, ich hatte nicht das Recht, ihn zu berühren.

Es blieb mir also nichts anderes übrig, als ihr die Seidenstrümpfe auszuziehen, deren Saum tief in ihre Schenkel einschnitten und den Kreislauf stören könnten. Ich ging also zu ihren Füßen, faßte eines ihrer

Beine und rollte den Strumpf, oben beginnend, am Bein entlang nach unten. Da ich dabei das Bein etwas hochheben mußte, entfernten sich ihre Schenkel etwas voneinander, und ihre Spalte wurde sichtbar. Ich starrte nur gespannt auf diese Schönheit, ich konnte meine Augen von ihr nicht abwenden.

Endlich gelang es mir, den Strumpf auszuziehen, jetzt war der zweite an der Reihe. Während ich diesen abstreifte, mußte ich auch dieses Bein anheben, wodurch sich ihre Schenkel noch weiter öffneten und ihre Vagina völlig frei vor meinen Augen lag.

Vernünftig wäre es vielleicht gewesen, wenn ich sie sofort bedeckt hätte. Aber ich hatte nicht die Kraft dazu. Ich starrte nur auf die Schamlippen meiner Mutter. Ohne zu wissen, was ich tat, schob ich ihre Beine noch weiter auseinander. Sie lagen angewinkelt, ihre Fersen auf dem Laken, ihre Knie in der Höhe. Und nun lag der Schatz, der Mittelpunkt aller meiner Sehnsüchte und Träume, die nackte Fotze meiner Mutter, vor meinen Augen.

Ich war nicht mehr Herr meiner Gedanken. Ich näherte mich ganz dicht diesen wunderbaren Lippen, die ebenso voll waren wie ihr Mund. Ich legte mein Gesicht auf ihre Scham, auf die Quelle meines Lebens, und wenn ich in diesem Moment hätte sterben müssen, hätte ich einen glücklichen Tod gehabt.

Mutter war vom Tanzen etwas verschwitzt, der Duft ihres Körpers drang in meine Nase. Und auch der Duft, der betörende, glückbringende Duft, der ihrer Vagina entströmte. Ich konnte nicht umhin, ich mußte dieses Wunder berühren. Sanft legte ich meine Fingerspitzen auf die Spalte, wo sich ihre Schamlippen trafen. Mutter atmete tief ein – es klang wie ein Stöhnen – und ihre Schamlippen öffneten sich etwas. Mich betäubte der Anblick dieser wunderbaren Blume, die sich vor meinen Augen öffnete. Sanft zog ich ihre Schamlippen auseinander, bis auch die von reicher Feuchtigkeit glänzenden, inneren Schamlippen sichtbar wurden. Auch diese schob ich auseinander, und meinen Augen öffnete sich der Eingang zum Himmel, zur Glückseligkeit.

Es war um mich geschehen. Ich riß meine Kleider vom Leib. Mein Schwanz ragte stocksteif in die Höhe. Ich wagte nicht, ihn anzufassen, weil ich befürchtete, er würde sofort losspritzen. Ich beugte mich nach vorne, und ohne darüber nachzudenken, welche Folgen mein Tun auslösen könnte, drückte ich meinen Mund auf dieses geöffnete Wunder, und ich küßte wie verrückt die Fotze meiner Mutter. Ich leckte ihre Schamlippen, ich steckte meine Zunge tief in die Öffnung ihrer Vagina, ich nahm ihren Kitzler zwischen meine Lippen und sog daran. Es war ein Glücksgefühl, wie ich es bis dahin nicht erlebt hatte.

Mutter bewegte sich etwas und begann, ihren Hintern zu heben. Sie drückte ihren Unterleib gegen meinen liebkosenden Mund. Sie stöhnte und jauchzte leise, während ich ihre – jetzt offensichtlich sehr geile – Fotze heftig küßte und leckte. Dann spürte ich, wie Mutter ihre Hände auf meinen Kopf legte und mich noch fester an ihre Fotze drückte. Sie bewegte ihren Unterleib jetzt immer heftiger. Sie stöhnte nun sehr laut und machte Fickbewegungen gegen meinen

Mutters Arme meinen Hals umschlungen und ihre Beine sich auf meinen Arsch legten, begann ich wie wild zu ficken. Auch Mutter bewegte ihren Becken heftig, sie fickte mir entgegen. »Oh, mein Sohn!« stöhnte sie, und sie ergoß sich erneut.

Nur einige Sekunden später begann auch ich zu spritzen, während ich schrie: »Mama, liebe Mama, oh, Mama, oh Mama, Mama, Mama, Mama!« Dann lag ich leblos auf ihrem Leib wie Obst unter dem Baum, auf dem es gewachsen war. Meine Sinne schwanden, und ich fiel in einen ohnmachtähnlichen Schlaf.

Ich wurde wach, weil ich vor Kälte zitterte. Mein Kopf fühlte sich an wie ein leeres Faß. Mutter und ich lagen immer noch splitternackt da. Sie schlief. Sie fror nicht, weil ich sie mit meinem Körper halb bedeckte.

Ich rollte mich von ihr ab. Sie drehte sich – immer noch schlafend – sofort zur Seite, mir den Rücken zukehrend und rollte sich etwas zusammen. Ich zog die Decke über uns und schmiegte mich von hinten an ihren Körper. Sie machte einige Bewegungen, um sich in die Beuge meines Körpers einzunisten. Ich hörte auf zu frieren. Mutters Körper vor mir, drückte sich mein Schwanz gegen ihr Gesäß. Ich legte eine Arm um sie, und ihre Brust geriet in meine Hand. Ich umklammerte sie. Die Wärme ihres Körpers drang in meinen Körper ein. Mein Glied war erigiert, seine Spitze berührte die nassen Schamlippen meiner Mutter. Langsam, wie von selbst, glitt mein Schwanz von hinten in sie hinein. Sie wurde wach. Sie öffnete die Schenkel etwas, damit ich besser in sie eindringen konnte. Die beglückende Berührung ihrer Fotze weckte meine Begierde. Ich begann, sie so auf der Seite liegend von hinten zu ficken.

Sie streckte mir ihren Arsch zu. Sie griff zwischen ihren Beinen nach hinten und umfaßte meinen Hodensack. Ich stöhnte vor Lust laut auf, und meine Laute vermischten sich mit ihrem Stöhnen und Schluchzen. Sie ist sehr schnell zweimal hintereinander gekommen, wobei ich jedesmal die Wärme ihrer Scheide fühlte. Dann kam es auch aus mir heraus, in langen, lustvollen Spritzern. Ich drückte dabei meinen offenen Mund auf ihre Schulter und röchelte: »Mama, ich liebe dich, ich liebe dich, liebe Mama!«

In dieser Position, in der wir uns beim Orgasmus befanden, schliefen wir wieder ein. Das unsagbare Glücksgefühl und die Erfüllung meiner größten Sehnsucht gaben meinem Herzen eine innere Ruhe. Ich fühlte mich in einem Schwebezustand, in den ich mich glücklich fallen ließ.

Das Klopfen des Zimmerkellners weckte uns am Morgen auf. Im ersten Moment war mein Kopf verwirrt, ich wußte nicht, wo ich mich befand. Doch der nackte Körper meiner Mutter brachte mir die Wirklichkeit in mein Bewußtsein. Ich rief dem Kellner zu, er soll den Wagen vor der Tür abstellen.

Hier habe ich mich in die Erzählung von Ben eingeklinkt, weil mich seine Gefühle, sein Seelenzustand, interessierte, nachdem er mit seiner Mutter geschlafen hatte.

Mrs. Blake: »Bleiben wir hier etwas stehen, Ben. Ich

möchte wissen, wie Sie sich nach dieser Nacht gefühlt haben, die Sie mit Ihrer Mutter verbracht haben. Waren Sie einfach nur glücklich, oder hatten Sie eventuell auch Gewissensbisse? Denn es ist keine alltägliche Geschichte, daß ein Junge mit seiner eigenen leiblichen Mutter den Beischlaf ausführt. Wie waren Ihre Gefühle? Fühlten Sie sich wohl in Ihrer Haut?«

Ben: »Das wollte ich eben erzählen.«

Mrs. Blake: »Na, dann fahren Sie fort.«

Zuerst haben wir gefrühstückt, weil auch ich fast am Verhungern war. Wir haben mit den Händen gegessen, und ich habe dabei meine Finger, mit denen ich in der Nacht in der Scheide meiner geliebten Mutter wühlte, genüßlich abgeleckt. Aber ich glaube, wir beide waren etwas verlegen dabei. Ich schickte forschende Seitenblicke zu meiner Mutter, die mich ebenfalls aus den Augenwinkeln beobachtete. Es war nicht leicht für uns, in den neuen Zustand unserer Zweierbeziehung nahtlos überzugehen. Wir haben etwas getan, was wir beide wollten oder zumindest herbeisehnten, was aber nicht in die Norm der Gesellschaft paßte und von unserem bisherigen Verhalten gründlich abwich. Als wir gesättigt waren, saßen wir beide noch eine Zeitlang schweigend im Bett. Dann brach ich die Stille: »Mama, bitte, verzeih mir!«

»Was soll ich dir verzeihen, mein Liebling?«

»Es war nicht recht, was ich gemacht habe. Ich habe deinen Zustand ausgenutzt und dich sozusagen vergewaltigt. Leider waren meine Gefühle zu dir zu stark, als daß ich hätte widerstehen können.«

»Mein Liebling«, erwiderte Mutter und zog meinen Kopf auf ihren Busen, »du hast nur das gemacht, was für dich unvermeidlich war. Du konntest nicht anders. Und du hast das gemacht, wonach ich mich schon seit Jahren sehnte, aber es nicht herbeizuführen wagte. Ich hatte auch große Sehnsucht, von dir genommen zu werden.«

»Außerdem«, fügte sie noch hinzu, »ich war zwar sturzbesoffen, aber ich habe alles gefühlt, gehört und wahrgenommen. Ich hätte mich auch wehren können, wenn mein Verlangen nach dir nicht genauso groß gewesen wäre wie dein Verlangen nach meinem Körper. Du hast meinen geheimsten Wunschtraum erfüllt.«

»Ist das wahr, Mama?«

»Ja, das ist wahr, mein Liebling. Du, du mein Liebhaber. Du hast recht gehabt, es war unsere Hochzeitsnacht. Und ich möchte noch viele solche Nächte mit dir erleben, wenn du es auch willst.«

»Ich will es, meine geliebte Mama, ich will es!«

»Dann komm jetzt schnell zu mir und küß mich. Meine Muschi hat Sehnsucht nach deinem harten Zauberstab!«

Betäubt vor Glück habe ich mich auf den Mund meiner Mutter geworfen. Sie liebte mich genauso wie ich sie. Sie begehrte mich genauso, wie ich sie begehrte. Ich steckte meine Zunge in ihren mir offen hingehaltenen Mund und umklammerte ihre Brust. Mein Schwanz schnellte in die Höhe, und Mutters seidige Hand umfaßte ihn und streichelte ihn liebevoll.

»Ah, Ben, kannst du dich erinnern, als ich dir dieses Prachtstück salbte? Ich dachte, ich halte den Himmel in Händen. Die Berührung deines Schwanzes ging mir durch und durch, meine Fotze wurde so naß, daß ich befürchtete, mein Rock würde durchnäßt. Und als du einmal im Fieber meine Hand an deinen Schwanz legtest, hätte ich ihn am liebsten in den Mund genommen und deinen Saft bis zum letzten Tropfen ausgesaugt. Aber das kann ich nachholen«, sagte sie noch und stülpte ihre Lippen über meinen Schaft.

Das Gefühl ihres Mundes, ihrer Lippen und ihrer Zunge an meinem Pimmel stieg hoch bis in mein Rückgrat. Das weiche, warme Innere des mütterlichen Mundes erinnerte mich an ihre Scheide. Ich wollte aber nicht in ihren Mund abspritzen. Ich zog mich zurück, kroch zwischen ihre Beine, die ich etwas auseinanderdrückte, und warf mich mit vollem Mund auf ihre Fotze. Meine Zunge drang tief in sie ein. Mutter bewegte wild ihren Arsch: »Ah, ah, du leckst mich so schön! Du leckst mich so guuuuut!«

Dann, nach eine Weile: »Komm, steck ihn mir rein. Ich will, daß du mich jetzt fickst. Komm, komm in mich hinein, mein Junge! Komm in das Loch hinein, aus dem du rausgekommen bist!«

Ich steckte meinen Schwanz in sie rein.

»Ah, mein Junge! Als du dort herausgekommen bist, das hat sehr weh getan. Aber jetzt, wo du da wieder hineinkommst, ist es der Himmel auf Erden! Komm, fick deine Mama, sie braucht das so sehr.«

Sie stöhnte sehr laut, sie ergab sich den Gefühlen, die sie schon so lange ersehnt hatte und die jetzt in Erfüllung gingen. Ich stöhnte auch laut, weil ich in Ekstase geraten war.

Die nachfolgenden Tage waren – von kurzen Schlafpausen abgesehen – mit der Vereinigung ausgefüllt. Wir fickten miteinander, so oft wir nur konnten. Wenn unsere Kräfte erschöpft waren, gingen wir spazieren, Arm im Arm, eng umschlungen – wie ein junges Liebespaar. Denn das waren wir. Wir waren ineinander verliebt; daß wir auch körperlich eng verwandt waren, gab der Sache noch eine besondere Würze, die unseren Hochgenuß noch in Unermeßliche steigerte.

»Ich liebe dich, Mama«, sagte ich.

»Ich weiß, mein Liebling.«

»Aber ich bin in dich verliebt, Mama!«

»Ich weiß es, mein Liebling. Auch ich bin in dich verliebt.«

Wir gingen spazieren. Wir schlenderten durch die Straßen der Stadt. An jeder Straßenecke blieben wir stehen, um uns zu küssen, um unsere Zungen miteinander spielen zu lassen. Die Passanten haben uns angeschaut, uns blöde angestarrt, aber das interessierte uns nicht. Manchmal überkam uns die Gier, und wir hätten gleich dort auf der Straße gefickt, hätten wir keine Angst vor der Polizei gehabt. So zerrte ich sie manchmal unter einen Torbogen, um dort im Stehen meinen Schwanz in sie reinzustecken und einen kurzen beglückenden Fick zu genießen.

Wir machten lange Spaziergänge auch außerhalb der Stadt. So gelangten wir einmal an den Strand. Nachdem wir uns von der Menge der Badenden entfernt hatten, gerieten wir in eine Dünenlandschaft, wo wir keine Menschenseele erblicken konnten. Wir wälzten uns im Sand. Ich hob den Rock meiner Mutter, die in diesen Tagen kein Höschen darunter trug. Sie spreizte ihre Schenkel bereitwillig, und ich warf mich auf ihre Scham. Ich leckte ihre Muschel, bis sie laute Lustschreie von sich gab. Als wir aufschauten, sahen wir, daß uns aus einiger Entfernung ein paar Leute zuschauten. Lachend sprangen wir auf und liefen weg.

Bens große Sehnsucht, mit seiner Mutter zu schlafen, hat sich also verwirklicht. Ich weiß aus Erfahrung, aus den Gesprächen mit meinen Patienten, daß viele Söhne sich nach ihren Müttern und viele Mütter sich nach ihren Söhnen sehnen. Wesentlich mehr, als das die Betroffenen je zugeben würden. Doch diese Wünsche bleiben unerfüllt, weil die sogenannte ‚Moral' unserer Zeit es für verwerflich, ja ‚sündig' hält. Sehr wenige Menschen geben es auch sich selbst gegenüber zu, nur in Träumen erleben sie dieses Glück, manchmal bis zur Unkenntlichkeit verschlüsselt.

Nur wenige wagen es, nach langen Gewissensqualen für sich zuzugeben, daß sie im Innersten ihrer Seele solche ‚sündige' Begierden haben. Sie leben diese dann aus, indem sie, während sie mit ihrem Ehepartner schlafen, an die heimlich geliebte Person denken und sich vorstellen, daß sie eben mit dieser Person (Sohn oder Mutter) schlafen.

Noch weniger sind es, denen das Schicksal diese Beglückung ermöglicht. Einer von dieser Glücklichen war Ben. Er hat also seine Träume verwirklicht, er hat mit seiner geliebten Mutter geschlafen. Aber er wußte noch nicht, welche Wende dieses Ereignis seinem Le-

ben geben würde. Bleibt das Glück bestehen? Oder entstehen dadurch Komplikationen? Werden irgendwann Gewissensbisse bei ihm oder bei seiner Mutter auftreten, die dann das Glück in das Gegenteil, in Unglück und Qual umschlagen lassen? Er konnte das damals nicht wissen. Aber ich weiß, daß er in der Euphorie des frisch erlebten Glückes an solche Möglichkeiten gar nicht dachte.

Die Zeit verging mit unzähligen Liebesbeteuerungen wie im Fluge. Dann kam der Tag der Heimreise. Zu Hause angekommen, trug ich meine Mutter in die Wohnung. Bevor ich mit ihr auf den Armen über die Türschwelle trat, küßte ich sie auf den Mund. Ich war nun ihr Sohn, ihr Geliebter und ihr Gatte. Ich merkte gar nicht, daß Anne unseren Einzug beobachtete.

Kaum hatten wir unser Gepäck abgelegt, nahm ich meine Mutter wieder auf die Arme und trug sie in ihr Zimmer. Ich legte sie auf das Bett und sagte: »Jetzt nehme ich meine Braut in unserem Ehebett.«

Doch daraus wurde vorerst nichts. Es schellte Sturm an der Haustür. Ich öffnete, und Anne stand vor mir. »Na, ihr Turteltauben, wieder zu Hause? Wie war es? War euer Urlaub schön?« Sie trat ein, ohne daß ich sie hereinbat.

»Ja, es war traumhaft«, sagte Mutter.

»Habt ihr euch gut amüsiert? Habt ihr viel Freude gehabt?« bohrte Anne weiter.

Mutter erzählte ihr – was erzählbar war, ohne zuviel zu verraten – von dem vornehmen Hotel, von der schönen Gegend, von dem Wetter und von all dem

Schönen, was wir gesehen hatten.

Anne hat eine Tasse Tee mit uns getrunken, dann sagte sie plötzlich: »Ben, ich brauche dringend deine Hilfe. Es wird nicht lange dauern, du mußt mir nur helfen, einige Gardinen aufzuhängen.«

Ich schaute auf Mutter, sie nickte kaum merklich mit dem Kopf. So ging ich mit Anne in ihre Wohnung.

Kaum hat sie die Tür geschlossen, griff sie mir zwischen die Beine und ergriff meinen Schwanz. Er war hart, ich wollte eben mit Mutter ins Bett steigen.

»Ah, du hast ihn mir zurückgebracht. Hoffentlich schön voll. Oder?« lächelte sie mich schelmisch an. »Ich habe ihn vermißt.« Anne hob ihren Rock, sie trug nichts darunter. Sie ergriff meine Hand und führte sie zu ihrem Dreieck, ich zog aber die Hand zurück.

»Entschuldige, Anne, aber ich bin noch müde von der Reise.«

»Und das hier?« fragte Anne und erhöhte den Druck ihrer Hand an meinem Schwanz. »Er steht doch. Laß mich zumindest daran lutschen!«

Doch ich schob ihre Hand weg.

»Also, du hast sie gefickt! Ich wußte es. Du hast deine Mutter gefickt!«

»Aber nein, Anne, das ist nicht wahr!«

»Erzähl mir nichts. Ich habe euch gesehen. Du hast sie auf den Armen in das Haus getragen! Du hast sie auf den Mund geküßt. Das macht man mit seiner Mutter nicht, wenn man sie nicht gefickt hat!«

»Anne, du siehst Gespenster! Das ist nicht wahr!«

»Ich weiß, daß ihr jetzt miteinander vögelt. Ich habe auch nichts dagegen, ich habe es dir sogar empfohlen.

Ich sage auch niemandem etwas. Aber läßt du mich jetzt verhungern? Du weißt, wie wenig ich von meinem Mann bekomme. Ich brauche dich. Denk nicht, daß ich in dich verliebt bin. Nein, aber ich liebe deinen harten Schwanz. Ich könnte andere Jungs aus der Gegend haben, aber ich will dich.«

»Anne, sei nicht töricht. Es hat sich nichts verändert. Ich bin nur im Moment noch etwas durcheinander. Wir werden noch darüber reden. Mutter erwartet mich jetzt, ich muß zurück.«

»Gut, geh. Aber zeig mir erst deinen Schwanz, den du in die Möse deiner Mutter gesteckt hast. Ich will ihn nur einmal anfassen.« Meine Proteste mißachtend öffnete sie meine Hose und holte meinen harten Kolben heraus. Sie drückte einen Kuß darauf, dann sagte sie: »So, geh jetzt und fick deine Mutter. Und ich muß meine juckende Fotze jetzt mit meinem Finger beruhigen!« Wortlos ging ich aus dem Haus.

»Was wollte sie?« fragte Mutter, als ich eintrat. »Es handelte sich nicht um die Gardinen, ich sehe von hier, alle hängen an ihren Fenstern.«

»Mutter, ich glaube, sie ahnt etwas. Sie hat uns beim Ankommen gesehen, wie ich dich auf den Armen ins Haus trug und wie ich dich auf den Mund geküßt habe. Sie sagte, sie ist sicher, daß wir miteinander geschlafen haben, aber daß sie niemandem etwas davon erzählen wird.«

»Und daß sie mit dir ficken will, nicht wahr?«

»Ja.«

»Hast du sie schon mal gefickt? Ich bin sicher, daß ihr miteinander geschlafen habt. Du kannst es mir sagen. Ich ahnte es, und ich war froh, daß du deinen Schwanz nicht in irgendwelche kranke Huren steckst, sondern daß du eine nette, hübsche Frau zum Bumsen hast. Also, habt ich miteinander gefickt oder nicht?«

»Ja, Mutter, wir haben.«

»Gut, mein Junge! Und nun paß gut auf: Ich will, daß du sie auch in Zukunft fickst. Ich bin nicht eifersüchtig. Sie braucht dich auch, und du brauchst auch Abwechslung. Du darfst dich nicht auf mich fixieren.«

»Ich will aber keine andere haben, nur dich, Mama!« sagte ich fast schreiend.

»Sei vernünftig, mein Sohn! Ich liebe dich und du liebst mich auch. Wir können einander viel Freude und Lust schenken. Aber ich werde nicht jünger. Ich werde bald eine alte Frau sein, während du immer noch jung bleibst. Dann wirst du dich in eine jüngere verlieben, die besser zu dir paßt!«

»Nein, ich werde keine andere Frau mehr auf dieser Welt lieben, nur dich, Mama!«

»Sag das nicht. Und was, wenn ich Lust auf einen anderen Mann bekomme?«

Mein Herz zog sich bei diesem Gedanken krampfhaft zusammen, aber ich sagte: »Wenn du mit ihm glücklich bist, dann gönne ich dir das.«

»Versprich mir, daß du mit Anne ficken wirst. Versprichst du mir das?«

»Ja, Mama, ich verspreche dir das. Aber jetzt bin ich auf dich scharf. Jetzt will ich dich in deinem eigenen Bett ficken.«

»Wo ich dich empfangen habe!«

»Ja, und wo dich auch mein Vater gefickt hat. Ich will jetzt meinen Pimmel genauso in dich reinstecken, wie er das tat.«

»Ja, ja, komm mein Junge, fick mich so durch. Hier, schau, hier ist meine Möse, nur für dich. Komm, steck ihn mir rein. Ah, ist dein Pimmel groß, der reicht bis zu meinem Herzen. Komm, fick mich, mein Junge, fick deine geile Mami!«

»Hat Vater auch einen so großen Pimmel gehabt?« fragte ich, hauptsächlich, um meine Geilheit noch mehr aufzupeitschen.

»Ja, er hatte einen sehr schönen, großen Schwanz«, sagte Mutter.

»Und hat er damit genauso in deine Fotze gestoßen?«

»Ja, er hat mich damit genauso durchgefickt!«

»War deine Möse geil auf seinen Schwanz?«

»Ja, aber auf deinen ist sie noch geiler.« Sie nahm meinen Kopf zwischen ihre Hände, hörte für einen Moment auf zu stoßen und sagte: »Ich habe in dir immer deinen Vater gesehen. Auch jetzt ist es so, als ob ich ihn in mir spüre. Aber du bist auch mein Sohn. Und ich ficke jetzt mit dem Vater und mit dem Sohn. Komm, gib es mir, mein geliebtes Kind!« Sie drückte ihre Lippen auf die meinen. Unsere Zungen trafen sich in einem nicht enden wollenden Kuß, und wir fickten wortlos weiter. Unser beider Schweiß vereinigte sich, unsere Säfte vereinigten sich. Mein Speichel floß in ihren Mund, und ich saugte ihren Speichel in mich auf und schluckte ihn wie ein Getränk.

Dann lagen wir ermattet noch lange so, ich auf ihrem teuren Bauch, mein noch nicht ganz geschrumpfter Penis in ihrer Scheide, nur unsere Münder trennten sich voneinander, um atmen zu können. Noch nie haben wir den Fick miteinander so sehr genossen. Wir tauschten unzählige winzige Küßchen, bis wir in derselben Position einschliefen.

Abends, nach dem Abendessen, das wir gut gelaunt und mit einem guten Wein eingenommen hatten, habe ich nicht gefragt; ich nahm meine Mutter einfach auf meine Arme und trug sie in ihr Zimmer.

»Wie stark du bist«, strahlten mich ihre Augen an. Sie hatte nicht viel Wein getrunken, war aber von innen durch ihre Hormone erhitzt. Sie ließ sich wie ein Baby entkleiden, eine für mich entzückende Zeremonie, bei der ich jeden eben entkleideten Körperteil mit meinen Küssen bedeckte. Dann streifte auch ich meine Kleider herunter und stand nun nackt mit aufgerichtetem Penis neben ihrem Bett. Mutter streckte die Hand aus, erfaßte damit meinen Harten und zog mich daran mit sanfter Gewalt zu sich. Sie drückte einen feuchten Kuß auf meine Eichel und sagte dann: »Komm zu mir, mein Liebling, komm zu Mami!«

Mit einem Sprung war ich in ihrem Bett und legte mich an ihre Seite. »Also, in diesem Bett bin ich entstanden«, sagte ich dann.

Mutter umarmte mich: »Ja, in diesem Bett, in dem du jetzt mit deiner Mami liegst.«

»Wie war das, Mama«, wollte ich wissen. »Du warst doch sehr jung, du dürftest gerade mal sechzehn gewesen sein, als du mich empfangen hast. Warst du schon damals trotz deines jungen Alters so scharf?«

»Aber nein! Ich war überhaupt nicht scharf. Zwar hatte ich schon Gefühle, ich habe auch schon abends zwischen meinen Beinen herumgespielt, aber richtig geil war ich nicht.«

»Wieso dann …«

»Ich war in deinen Vater verliebt. Du kannst dich noch an ihn erinnern, er liebte dich so sehr. Er war ein großer, schöner Mann – übrigens bist du ihm wie aus dem Gesicht geschnitten. Ich liebe dich als mein Kind, aber vielleicht deshalb liebe ich dich auch als Mann und fühle mich zu dir auch sexuell hingezogen, weil du mich in jeder Sekunde an den Mann erinnerst, den ich abgöttisch geliebt habe.«

»Und …?«

»Na, und ich habe ihn einfach verführt. Ich wollte ihn unbedingt haben. Er wohnte in dieser Wohnung, war Junggeselle, und ich habe ihn hier besucht. Ich kannte ihn und war unsterblich in ihn verliebt, er würdigte mich aber keines Blickes. Da platzte ich einfach unter irgendeinem Vorwand in seine Bude, und ich war schon Weib genug, um ihn zu verführen.«

»Wie hast du das geschafft?« platzte aus mir die Neugierde heraus.

»Es war eigentlich sehr schamlos, wie ich mich benommen hatte. Ich weiß nicht, ob ich dir das überhaupt erzählen darf.«

»Du kannst mir alles erzählen, Mama. Alles, was du tust, ist für mich schön, richtig und heilig.«

»Na gut. Also, ich wußte aus den Erzählungen meiner Schulfreundinnen, was auf die Männer wirkt. Besonders meine engste Freundin, die bereits Verkehr mit mehreren Männern hatte, konnte mir vieles beibringen. Also, ich kam zu deinem Vater und bat ihn, mir bei meinen Schularbeiten zu helfen. Er saß mir gegenüber und diktierte mir etwas, um meine Grammatik zu prüfen. Ich saß in einem Sessel, das Schulheft auf meinen Knien und schrieb fleißig, was er mir diktierte. Während dieser Tätigkeit schob ich meinen sowieso viel zu kurzen Rock etwas höher, und, um dem Heft einen besseren Halt zu geben, spreizte ich meine Schenkel etwas. Dein Vater mußte unbedingt sehen, was unter meinem Rock zu sehen war, ich hatte nämlich kein Höschen an. Meine nur leicht behaarte Muschi mußte ihm direkt in die Augen springen. Ich beobachtete ihn heimlich und merkte, daß er sehr unruhig wurde. Er wollte woanders hinschauen, aber sein Blick kehrte immer wieder zu meinem Schatzkästlein zurück. Dann hob ich ein Bein und stellte meine Ferse auf den Sitz des Sessels, um das Heft auf mein Knie zu legen. Jetzt war mein Döschen vor seinen Augen völlig offen, er konnte in mein Innerstes schauen. Ich sage dir, Ben, ich war nicht scharf auf einen Mann. Aber ich bin scheinbar ein bißchen exhibitionistisch veranlagt, denn als ich wußte, daß meine Möse den Blicken dieses Mannes ausgesetzt war, wurde ich plötzlich geil. Ich spürte, wie meine Muschi feucht wurde. Aber auch dein Vater wurde sehr unruhig. Die ausgeprägte Beule an seiner Hose zeigte deutlich, wie es um ihn stand, und ich wußte, was sich unter dieser Beule befindet. – Ich sage dir ehrlich, ich war ihm ursprünglich sexuell nicht sehr zugetan. Ich war einfach nur verliebt wie eine dumme, kleine, romantische Göre. Ich wollte von ihm nicht genommen werden, ich wollte nur, daß er mich küßt, daß er mich umarmt, daß er mich liebt. Aber in diesem Moment erwachte meine Sexualität. Ich will dir nicht ausführlich schildern, was ich so alles angestellt habe, aber das Resultat war, daß ich binnen einer Viertelstunde in seinen Armen lag. Er küßte mich leidenschaftlich, und ich küßte ihn genauso zurück. Seine Hand spielte an meiner Muschi, und ich bearbeitete sein steifes Glied, das er aus seiner Hose zog. Nach einer halben Stunde wurde ich entjungfert.«

»Hat er dich gut durchgefickt?«

»Ja, das hat er!«

»Hat er deine Fotze mit seinem Pimmel gut durchgevögelt? Hat er dir seinen Pimmel so tief reingesteckt?«

»Ja, ja, ja!«

»Und hat er so in deine Fotze gestoßen? Hat er deine Fickfotze vollgespritzt?«

»Ja, ja, ja, er hat meine Fickfotze vollgespritzt. Mit seinem Fickschwanz hat er mich gefickt. Er hat seinen Fickkolben tief in meine Fotze gesteckt und mich kaputtgefickt!«

»Ich ficke dich auch kaputt!«

»Ja, ja, fick mich kaputt, du Sau, mit deinem süßen Fickbolzen. Ah, ah, es kommt mir! Spritz auch du! Spritz, du Sau, spritz, jetzt, jeeeeeeeetzt!«

»Ich spritze! Liebe Mama, ich spritze in deine Fotze! Auuuuuu, Mama, Mama, meine liebe Mama!«

Ich bekam nach diesem Erguß kaum Luft, aber

auch Mama atmete schwer. Sie hielt mich mit ihren beiden so wunderbar weichen Armen umarmt und hörte nicht auf, mein Gesicht zu küssen. Dann vereinigten sich auch unsere Münder zu einem leidenschaftlichen Zungenkuß.

Ich habe etwas geschlafen. Als ich wach wurde, stand die Sonne schon hoch am Himmel. Ich glaube, es war fast schon Mittag. Ich hörte leise Stimmen aus Mutters Zimmer. Ich steckte meinen Kopfhörer in die Buchse in der Wand und legte mein Auge auf das Loch. Mutter lag im Bett, Anne saß auf ihrer Bettkante. »Und wenn dem so wäre?« hörte ich Mutter sagen. »Das ist unsere Sache!«

»Meine Liebe, ich habe nichts dagegen. Wenn du mit deinem Sohn fickst, so wünsche ich euch beiden viel Vergnügen. Ich bin wirklich die letzte, die etwas dagegen hätte. Ich freue mich sogar für euch. Aber du darfst ihn nicht zu sehr an dich binden. Er ist ein junger Kerl, er kann nicht dein Lebenspartner werden.«

»Ja, ich weiß schon«, beruhigte Mutter sie.

»Sag mal, hat er dich in der Nacht schön gefickt?«

»Willst du nachsehen?« fragte Mutter. Sie warf die Decke zurück und spreizte ihre Beine.

Anne bückte sich zu ihrer Scham: »Du hast dich noch gar nicht gewaschen. Sein Saft sickert noch aus deiner Muschi. Laß mich das kosten.« Sie steckte ihren Kopf zwischen Mutters Schenkel und leckte sie.

Mutter warf ihren Arsch hoch: »Mach es mir! Leck mich! Zumindest bekomme ich jetzt von dir die Lust, die er heute dir spenden wird.«

Kurz nachdem Anne gegangen war, kam Mutter mit einem großen Tablett in mein Zimmer. Darauf stand ein reichhaltiges Frühstück: Eier mit Speck, Marmelade, Butter, Weißbrot und Tee. Mutter schlüpfte neben mir ins Bett, und wir nahmen unser Frühstück gemeinsam ein.

»Sag mal, Mama, war Vater gut im Bett?«

»Und ob er gut war! Er war wunderbar! Aber du bist mindestes so wunderbar wie er. Weißt du, als er mich schwängerte, war ich eine unreife Göre. Zwar hatte ich auch Gefühle, aber ich war noch nicht geweckt. Wenn er in mir war, fand ich das schön, ich bekam auch meinen Orgasmus, aber ich war nicht richtig geil. Ich konnte keine gröberen Ausdrücke sagen, ich dachte, das schickt sich nicht. Er hat mich langsam, behutsam zu wecken versucht. Er fickte mich langsam, und als er merkte, daß ich erregter wurde, hat er mir schweinische Wörter ins Ohr geflüstert. Das peitschte meine Geilheit auf. Er hat mir das Lecken und Blasen beigebracht; es dauerte eine Weile, bis ich bereit war, seinen Samen zu schlucken. Aber ich liebte ihn so sehr, und langsam bekam ich Geschmack an der Sache.«

»Hat er dich betrogen?«

»Das weiß ich nicht. Vielleicht nicht, ich habe zumindest nie etwas bemerkt.«

»Hast du ihn betrogen?«

»Nein, ... ja, ... nein!«

»Nun, was jetzt? Ja oder nein? Hast du mit einem anderen Mann gefickt oder nicht?«

»Mein Liebling, so kann man es nicht nennen. Wäre dieser schreckliche Unfall nicht gewesen, der ihn uns weggenommen hat, wäre ich ihm bis heute eine treue Ehefrau und würde auch mit dir nicht ficken.«

»Nun ja, liebe Mama, sag mir direkt: War ein fremder Pimmel in deiner Fotze oder nicht?« Ich war sehr erregt, aber auch aufgeregt.

Mama antwortete darauf nur: »Seitdem er gestorben ist, nicht mehr!«

»Also, solange er lebte, hat dich auch ein anderer Mann gefickt! Oder auch mehrere!«

Mutter schmiegte sich an mich, umarmte mich und sagte: »Ich sehe, Liebling, ich muß dir alles erzählen, obwohl ich es nicht wollte. Schau mal, dein Vater war etwas älter als ich und sehr erfahren. Er war auch sehr sinnlich. In den ersten zwei oder drei Jahren begnügte er sich damit, was ich ihm in meiner Einfachheit bieten konnte. Auffällig war nur, daß er nicht nur sehr stolz auf mich war, sondern mit mir auch angegeben hat. Er hat mich überall herumgezeigt.«

»Wie soll ich das verstehen?«

»Nun, ich mußte immer sehr kurze Röcke tragen, damit man meine schönen Beine sehen konnte. Denn ich habe schöne Beine, nicht wahr?« steckte Mutter ein Bein unter der Decke hervor.

»Ja, Mama, du hast wirklich schöne, geile Beine«, sagte ich und gab ihr einen Kuß in die Beuge ihrer Kniekehle, worauf sie mit Erschauern reagierte.

»Ja, dein Vater hat sich genauso ausgedrückt: geile Beine. Und ich mußte sie überall herumzeigen, damit sich andere Männer daran aufgeilten und ihn darum beneideten. Ja, und ich mußte immer tief ausgeschnittene Blusen und Kleider tragen, ohne Büstenhalter, so daß meine Brüste immer in Gefahr waren herauszuschlüpfen. Meine Brustwarzen waren kaum bedeckt, und wenn wir spazierengingen, legte dein Vater einen Arm um meine Schulter, und wenn uns männliche Passanten entgegenkamen, hat er wie unbeabsichtigt meine Bluse nach unten gezogen, so daß zumindest eine Brustwarze sichtbar wurde. Ihn hat es unheimlich aufgegeilt. Ich mußte mich zum Beispiel immer, wenn junge, aber manchmal auch ältere Männer in der Nähe waren, so hinsetzen, daß meine Muschi zu sehen war. Ich geilte unsere ganze Umgebung auf, aber auch uns selbst. Wir gingen zum Beispiel spazieren. Vater bückte sich mal, und löste meinen Schnürsenkel. Ich mußte ihn dann auf sein Kommando wieder zubinden. Dabei durfte ich nicht in die Hocke gehen, nein, ich mußte mich tief bücken, damit die Leute hinter uns meinen nackten Arsch und dazwischen meine Schamlippen sehen konnten. Nach solchen Exkursionen war dein Vater dann sehr erregt, aber ich auch, und wir vögelten stundenlang.«

»Mama, es ist so geil, was du mir erzählst; entweder ficke ich dich gleich, oder ich hole mir einen runter.«

»Warte mal, mein Junge! Es kommt noch bunter. Eines Tages kam dein Vater von der Arbeit nach Hause und sagte, abends würde uns ein Freund besuchen, den ich nicht kenne. Er wollte, daß ich seinen Freund nicht sehe, aber sein Freund sollte mich ganz nackt sehen und auf seine schöne Frau neidisch werden. Erst habe ich mich geziert, aber ich habe deinen Vater abgöttisch geliebt, ich war ihm hörig, für ihn hätte ich alles gemacht. Und ich selbst wurde durch diesen Gedanken auch unheimlich geil, mich einem fremden Mann ganz nackt zu zeigen. Es war vereinbart, daß, wenn der Gast kommt, ich mit verbundenen Augen, und außerdem noch mit einem undurchsichtigen Tuch über dem Kopf, auf dem Bett liegen werde. So war es dann auch. Der Freund deines Vaters kam, ich lag wie für ein Opfer vorbereitet da. Dein Vater führte seinen Freund (ich weiß nicht, wer das war) in das Zimmer. ‚Schau mal, da liegt meine Frau. Ist sie nicht wunderschön?' sagte Vater. ‚Ja, sie ist wirklich wunderschön', beteuerte der Gast. ‚Schau mal, diese Titten', betastete dein Vater meine Brüste. Er knetete sie und kniff in die Brustwarzen. ‚Und diese Fotze, guck mal', schob Vater meine Beine auseinander und zog meine Schamlippen auseinander. ‚Steck ihr mal einen Finger rein', sagte er, und der Gast schob seinen Finger in meine Möse. Mich durchzuckte es, es war ein sehr geiles Gefühl. Dann hob Vater meine Beine in die Höhe: ‚Schau dir diesen wunderbaren Arsch an', lobte er mich, ‚auch ihr Arschloch ist süß, siehst du?' und er berührte mein Arschloch. Dann sagte er, daß er mich ficken wird. So, vor den Augen seines Freundes. Und tatsächlich, ich spürte, wie sein Pimmel sich in mein Loch bohrte. Er fickte los, und ich fickte wie wild mit, denn ich war am Rande einer Explosion. Und dann legte ich meine Hände auf seinen Arsch, und da merkte ich, daß dieser Arsch ziemlich behaart war, wogegen der Arsch deines Vaters so schön glatt war wie deiner. Er ließ mich also von seinem Freund durchficken! Auch an dem Schnaufen des fremden Kerls merkte ich, daß es nicht dein Vater war. Ich hatte noch nie einen anderen Schwanz in meinem Loch als den deines Vaters. Ich wünschte mir auch keinen anderen. Trotzdem, das Wissen, daß mich ein fremder Pimmel fickte, machte mich wahnsinnig. Mir gefiel diese Sache natürlich. So durfte ich fremde Pimmel genießen, ohne meinen Mann zu betrügen. Und dein Vater vögelte mich danach immer schön durch. Er war eben immer geil, und das war seine sexuelle Besonderheit. Wir haben beide davon profitiert. Aber ich sehe, du auch. Deine Hose platzt schon. Lauf jetzt schnell rüber zu Anne und fick sie durch. Sie erwartet dich schon!«

»Nein, Mama, ich möchte dich vögeln!«

»Keinen Widerspruch! Das muß sein. Wenn du sie gut befriedigt hast, komm zurück, und dann kannst du deinen Pimmel meinetwegen den ganzen Tag in mir behalten. Lauf jetzt! Ich habe es ihr versprochen!«

Nach dem Besuch bei Anne kroch ich wieder zu Mama ins Bett. »Ich muß dir etwas gestehen: Ich habe dich früher durchs Schlüsselloch beobachtet.«

»Und belauscht«, sagte Mutter. »Meinst du, ich weiß nicht, daß du mir monatelang durch das Schlüsselloch zugeschaut hast? Ich wußte schon lange, daß deine Sexualität erwacht war. Ich sah die Spermaflecken in deiner Wäsche. Ich sah auch die Pornofotos in deiner Schublade. Und dann erblickte ich deine Spermaflecken auch auf dem Teppich vor dem Badezimmer und an der Tür! Wie konntest du nur dahin spritzen? Als ich das sah, wußte ich sofort, daß du mir beim Baden oder beim Pinkeln zugeschaut hast. Und ich wußte immer genau, wann du am Loch lauerst.«

»Woher konntest du das wissen?« fragte ich sie.

»Mein Liebling, ich bin doch nicht doof! Wenn bei dir das Licht brannte, sah ich das Schlüsselloch als einen hellen Punkt. Wenn sich das Loch verdunkelte, wußte ich, dein Auge lauert dahinter. Auch wenn du aus dem Badezimmer durch das Schlüsselloch in mein Zimmer schautest, habe ich das so erkannt. Du hättest das Licht ausschalten sollen.«

»Anfangs fiel mir gar nicht ein, daß du mir zuschauen könntest. Erst als ich deine Spermaspuren auf dem Teppich sah, wußte ich, was Sache ist. Aber auch das Loch in der Wand hat sich durch das Licht verraten. Du hast das Loch so gebohrt, daß es raffiniert versteckt war. Aber wenn ich bei mir das Licht ausknipste, sah ich einen leuchtenden Punkt an der Wand. Ich habe mir das angeschaut, und so entdeckte ich das Loch. Ich schaute durch und sah, wie du deinen Schwanz wichst. Das hat mich natürlich sehr geil gemacht, und du wußtest nicht, daß wir manchmal gemeinsam – also zu gleicher Zeit – gewichst haben. Natürlich, als ich wußte, daß du mir nachspionierst, wußte ich, daß du genauso geil bist wie deine Mutter. Und ich wußte, weil ich das von mir her kannte, daß du es brauchst. Deshalb zeigte ich mich dir direkt. Ich habe immer eine solche Stellung eingenommen, bei der du viel, möglichst alles sehen konntest. Ich wollte dadurch deine Lust erhöhen und dazu beitragen, daß du genüßlich abspritzen kannst, ohne deinen armen Schwanz zu lange zu strapazieren. Denn auch ich war auf dich scharf. Seit du männliche Züge angenommen hast, habe ich auch große Lust, dich zu vernaschen. Wenn ich deinen Schwanz zufällig erblickte, war es um mich geschehen; meine Fotze war voller Verlangen. Ich hätte liebend gerne diesen schönen Pimmel in mir gefühlt. Einmal schlich ich nachts in dein Zimmer. Du hast tief geschlafen. Ich hob leise deine Bettdecke. Du lagst auf dem Rücken, dein Schwanz war geschwollen und lag auf deinem Bauch. Ich konnte nicht widerstehen, ich nahm ihn ganz sanft in die Hand, um dich nicht zu wecken. Ich berührte ihn mit meinem Gesicht, so wie ich jetzt deinen steifen Pimmel an mein Gesicht drücke, und drückte einen Kuß auf deine Eichel. Du hast bestimmt etwas Schönes geträumt, denn du hast im Traum leise gestöhnt. Ich hatte den ungeheuren Wunsch, mit dir zu ficken. Ich widerstand aber, weil ich daran dachte, daß du mein Sohn bist. Ich wußte auch nicht, wie du reagieren würdest. Aber von diesem Moment an habe ich mir immer beim Wichsen vorgestellt, daß du mich fickst. Und das war sehr schön. – Ich hätte mich dir nie hingegeben, wären wir nicht nach Kalifornien gefahren. Die Umgebung war so romantisch, fern von dem täglichen Einerlei. Und dann, an jenem Abend, war ich ziemlich betrunken. Wir tanzten zusammen, und du hast dabei deinen steifen Pimmel gegen meinen Bauch gedrückt. Da wußte ich, ich bin verloren; ich kann dir nicht mehr widerstehen. Ich war zwar betrunken, aber ich hätte nicht die Kraft gehabt, dich wegzustoßen, als du mich entkleidetest. Aber ich wußte, daß du mich begehrst, genauso wie ich dich begehrte. Da habe ich zugelassen, daß du mich leckst und fickst. Meine Sehnsüchte der vergangenen Jahren gingen da in Erfüllung. Aber ich glaube, du warst auch sehr glücklich!«

»Ja, meine geliebte Mama«, sagte ich, »ich war sehr glücklich. Und ich bin es immer noch und werde es sein, solange du mich liebst und ich dich lieben kann. Ich will dich immer lieben, nur dich und niemand anderen! Ich will dein Mann sein, und du bist meine Frau, mein Weibchen. Ich will dir ein Kind machen!«

»Du bist verrückt!« lachte Mama. »Aber es ist schön, ein bißchen verrückt zu sein, solange man kann. Komm, steck deiner Mama dein schönes Stück rein; jetzt können wir es noch machen. Komm, fick mich schön, mein Schatz. Ah, ist es gut! Ich liebe deinen Schwanz so sehr. Komm, fick mich und küß mich dabei. Hmmmmmmm!«

Es war ein sehr schöner, sehr genußvoller und sehr beglückender Fick. Dann lagen wir nebeneinander, wortlos, lange. Mutter streichelte mich am Bauch und meinem jetzt schlaffen Schwanz.

»Mein Liebling, du willst mich immer und ewig lieben, sagst du. Ich glaube dir, daß du im Moment wirklich so fühlst. Aber bitte, vergiß nicht, daß ich – obwohl ich noch ziemlich jung bin – doch älter bin als du. Und eines Tages werde ich nicht mehr da sein; dann würdest du alleine bleiben. Das will ich nicht. Du mußt dir eine Frau suchen, die du hast, auch wenn ich nicht mehr da bin.«

»Nein, Mama, red bitte nicht so!« Mir kamen die Tränen. »Wenn du nicht mehr lebst, will ich auch nicht mehr leben. Ohne dich ist die Welt für mich nichts wert!«

»Könntest du mit mir so zusammenleben wie dein Vater? Könntest du ertragen, daß mich ein anderer Mann fickt?«

»Ich weiß nicht«, schüttelte ich den Kopf. »Vielleicht ja, vielleicht nein. Aber es ist auch möglich, daß das sehr geil sein könnte.« Und dann fügte ich noch hinzu: »Und wenn dich das glücklich machen würde, würde ich das tolerieren!«

»Auch wenn dich das schmerzte?« fragte Mutter.

»Ja, auch wenn mich das schmerzte. Hauptsache, du bist glücklich!«

»Oh, mein Junge!« Mutter drückte meinen Kopf auf ihren Busen. »Ich liebe dich so sehr! Aber mein Liebling, wir können doch nicht ewig zusammenleben. Ich bin jetzt noch jung, vielleicht auch schön und begehrenswert, aber ich werde eines Tages alt sein. Dann wirst du mich nicht mehr begehren, dann werde ich auf deine Liebe und auf dein Begehren verzichten müssen!«

»Nein Mama, ich werde dich lieben, auch wenn du alt wirst!«

Wenige Tage später hatte ich Gelegenheit, eine ältere Arbeitskollegin von Mutter zu ficken. Sie hieß Kathy, und sie war ein Vulkan an sexueller Begierde. Durch den frühen Tod ihres Mannes war sie regelrecht ausgehungert und nahm meinen Schwanz deshalb mit größtem Vergnügen in ihrer immerfeuchten Grotte auf. Mama wollte unbedingt, daß ich auch mal mit einer Älteren ficke. Ich sollte wissen, wie es ist, wenn sie selbst älter würde.

Die nachfolgenden zwei Jahre möchte ich nicht detailliert schildern. Es passierte in dieser Zeit vieles, aber es waren keine weltbewegenden Sachen. Auf Ermutigung meiner Mutter widmete ich mich intensiv dem Studium. Parallel zum Besuch der Highschool studierte ich Elektronik, weil abgesehen davon, daß es auch mein Hobby war, versprach dieser neue Industriezweig die besten Zukunftsaussichten. Das bedeutete, daß ich ziemlich eingespannt war und nur sehr wenig Zeit für private Gedanken hatte. Ich lebte mit meiner Mutter weiterhin in größter Liebe zusammen, doch unsere geschlechtlichen Zusammenkünfte schrumpften – wie in den meisten Ehen auch – auf zwei- bis dreimal die Woche zusammen. Das bedeutete aber nicht, daß sich unsere Liebe zueinander verringert hätte. Nein, dadurch, daß wir quasi wie ein altes Ehepaar miteinander lebten, wurde die Intensität der Gefühle füreinander nur noch mehr gefestigt.

Hin und wieder besuchte ich auch noch Anne und Kathy. Die treue, dicke Kathy war auch immer froh, wenn sie meinen Schwanz in ihrem warmen, feuchten Döschen empfangen durfte.

Da unser Verhältnis vor Anne kein Geheimnis mehr war, konnte sie sich ausmalen, wie wir es miteinander im Bett treiben. Anne hat uns heilig geschworen, daß sie uns nie verraten wird.

Dann verlangte Anne eines Tages, daß wir ihr zeigen, wie wir, Mutter und ich, einander lieben. Das heißt, sie wollte zuschauen, während ich Mutter ficke. Zuerst lehnte ich strikt ab, doch Annes perverse Wünsche waren dermaßen stark, daß sie mich mit diesen

Vorstellungen immer mehr bedrängte.

Ich sprach mit Mutter darüber, und auch sie war nur anfänglich dagegen.

Ich saß mit Mutter auf dem Sofa, uns gegenüber saß Anne in einem Sessel. Ich streichelte während des Gesprächs Mutters Brüste, holte sie auch aus ihrer Bluse heraus und knetete sie. Annes Augen glänzten vor Geilheit bei diesem Anblick. Dann hob ich Mutters Rock auf, und weil sie kein Höschen darunter trug, wurde ihr Unterleib Annes Augen freigegeben. Ich schob Mutters Beine auseinander, und sie rutschte auf dem Sitz nach vorne, so daß Anne einen guten Blick auf ihre Fotze hatte, in der mein Finger wühlte. Anne schob ihre Hand unter ihren Rock und streichelte sich selbst. Ihre Augen starrten auf das geile Bild, was wir ihr boten. Ihr Mund war halb offen, und sie befeuchtete ihre trockenen Lippen oft mit der Zunge.

Dann sagte sie: »Fickt nun endlich!«

Ich sagte aber: »Nicht, bevor du Mutters Döschen vorbereitet hast. Komm, mach sie für mich geil, leck ihre Fotze.«

Anne fiel vor unserem Sofa auf die Knie, drückte ihren Kopf zwischen Mutters Oberschenkel und begann, ihre Fotze heftig zu lecken. Mutter war außer Rand und Band: Ihre Freundin wühlte vor den Augen ihres Sohnes mit der Zunge in ihrer Fotze; sie selbst umfaßte dessen steifgewordenen und aus der Hose befreiten Schwanz. Sie bekam einen Orgasmus nach dem anderen. Dann schob ich Anne einfach weg, legte Mutter mit dem Rücken auf den weichen Teppich, ging zwischen ihren gespreizten Schenkel in Stellung und steckte ihr meinen steifen Riemen rein.

Die Erregung war so groß, daß ich sehr bald abspritzte. Ich lag nun auf dem Boden, Mutter beugte sich über mich und küßte meinen schlappen Schwanz. Anne fingerte sich heftig. Inzwischen hatte auch sie ihr Höschen abgelegt und bearbeitete ihre nun offenliegende Fotze. Als es ihr kam, gab sie spitze Schreie von sich und sank dann zusammen.

Die Frauen spielten mit meinem Schwanz und mit meinem Hodensack, so daß sich mein Pimmel bald wieder in voller Länge streckte.

Da legte ich mich auf Mutter. Sie winkelte ihre Beine an, und ich schob meinen Harten in ihr heißes, wartendes Loch. Ich begann mit langsamen, langen Stößen. Mutter hielt mich umarmt, mein Gesicht und meinen Mund mit Küssen bedeckend. Sie fand es außerordentlich geil, sich vor fremden Augen von dem eigenen Kind begatten zu lassen. Sie stieß mir mit ihrem Becken ruckartig entgegen, was bei ihr die höchste Erregung bedeutete. Sie knabberte an meinem Ohr und flüsterte mir kosende Worte zu.

Dann hörte ich sie leise sagen: »Fick jetzt Anne ein bißchen. Ich will auch sehen, wie du sie fickst. Nach ein paar Stößen kommst du zu mir zurück und stößt mich. So fickst du uns abwechselnd. Ich finde das sehr geil!«

So fickten und leckten wir drei die ganze Nacht. Wenn ich nicht mehr konnte, haben die Lieben meinen Schwanz geblasen, bis er wieder belebt wurde. Ich glaube, ich habe in dieser Nacht insgesamt sechs- oder siebenmal abgespritzt. Zwischendurch leckten sich Mutter und Anne gegenseitig ihre Mösen.

Anne hatte auch noch andere Affären mit fremden Männern, von denen sie uns genüßlich berichtete. Da fragte ich Mutter, ob sie nicht auch mal Lust verspürte, es mit einem anderen Mann zu versuchen, ob sie an ihrem Arbeitsplatz nicht angemacht wurde, ob der eine oder andere Kollege nicht versucht hat, an ihr Döschen zu kommen. Und ob sie durch solche Annäherungen nicht erregt wurde.

Da erzählte sie mir, daß sie, da sie ja sehr schön und attraktiv war, schon manchen gierigen Blicken ausgesetzt war. Man hat versucht, im Vorbeigehen ihren Busen oder ihren Schenkel zu berühren, sie hat auch schon manchen kleinen Klaps auf den Popo erhalten, sich aber jedesmal mit einer saftigen Ohrfeige revanchiert.

Gewiß, auch sie war nicht aus Holz. Auch sie spürte das Verlangen der Männer, auch sie merkte die steifgewordenen Schwänze in der Hose. Aber sie konnte ihre Erregung zu Hause bei mir stillen.

Seltsamerweise weckten diese Erzählungen in mir keine Eifersucht. Es waren die erotischen Spielereien meiner Mutter, die mich erregten, so daß wir uns im Bett dann noch intensiver genießen konnten. Ich wähnte dabei, mit meinem Schwanz, der in Mutters Leib steckte, die Erregung ihrer Fotze zu spüren, die sie bei diesen Abenteuern empfand, und es war wunderbar. Auch sonst kam in unser ‚ehelich gewordenes' Geschlechtsleben ab und zu etwas Abwechslung, wenn wir mal zusammen einen erotischen (sprich: pornographischen) Roman lasen, wobei wir abwechselnd laut vorlasen und zwischendurch die beschriebenen Situationen nachzuspielen versuchten. Auch ein Pornofilm ab und zu steigerte unsere erotischen Tätigkeiten. »Siehst du diesen Schwanz? Gefällt er dir? Möchtest du ihn in den Mund nehmen? Würdest du ihn gerne in deiner Fotze haben?« Oder: »Schau mal, die hat eine hübsche Muschi. Möchtest du sie lecken? Möchtest du sie ficken?« Das waren unsere Bemerkungen beim Betrachten der Filme. Solche Sachen steigerten unseren Hormonspiegel, und wir fickten dann etwa eine Woche lang täglich, manchmal auch mehrmals am Tag, bevor wir wieder in unser ‚gewohntes Eheleben' zurückfielen.

Nach dem Elektronikstudium, das ich mit Auszeichnungen abgeschlossen hatte, bekam ich eine Stellung in der Filiale einer führenden Elektronikgesellschaft in unserer Stadt. Mein Gehalt war am Anfang nicht überwältigend, aber durch Fleiß und durch einige praktische Innovationen, die ich in der Firma einführte, stieg ich auf der Karriereleiter sehr schnell höher, so daß ich bald wesentlich mehr verdienen konnte.

Dann wechselte ich zu einer anderen Firma, die noch besser bezahlte. Es war ein Unternehmen mit etwa dreihundert Mitarbeitern. Der Besitzer und Chef, ein gutaussehender Mann um die Vierzig, war mit meinem Vorstellungsgespräch sehr zufrieden und versprach mir bei entsprechendem Arbeitseinsatz auch weitere Aufstiegsmöglichkeiten. So war ich mit meinem Schicksal sehr zufrieden. Ein schönes Zuhause, eine gute Stellung, eine liebende und von mir heißgeliebte Mutter, die für mich ständig da war und auch meine sexuellen Bedürfnisse auf wunderbare Weise befriedigte, wobei ich meinen Samen ab und zu auch in andere Döschen reinspritzen durfte, ohne Eifersuchtsszenen ausgesetzt zu werden – was kann man Schöneres vom Leben erwarten?

So dachte ich, bis ich Alice traf. Und das kam so: Um meiner Mutter das tägliche Kochen zu ersparen, schlug ich ihr vor, daß wir beide in der jeweiligen Betriebskantine essen, nur am Wochenende etwas kochen oder eventuell mal auch schön essen gehen. Jetzt, da auch ich Geld verdiente, hatten wir ein leichteres Leben.

Ich war schon etwa zwei Wochen bei der neuen Firma, als ich zum ersten Mal zum Mittagessen in die Kantine ging. Mit dem Tablett in der Hand schaute ich mich um, wo ich mich hinsetzen könnte. Da traf mein Blick auf ein Mädchen, und in diesem Moment fühlte ich, daß es mich erwischt hatte.

Vielleicht hat jeder Mann einmal im Leben den Moment erlebt, wo er ein weibliches Wesen erblickte und in diesem Augenblick wußte: die oder keine! So war es auch mit mir. Ich sah das Mädchen und hatte das Gefühl, daß mein Herz stillsteht.

Nein, ich war in sie nicht verliebt! Ich war unverändert in meine Mutter verliebt, und ich weiß, daß ich in diesem Leben keine andere Frau so lieben könnte wie meine Mutter. Doch ich wußte auch, dieses Mädchen muß ich haben! Und zwar für immer!

Natürlich war es nur eine Gefühlsregung. Ich kannte sie nicht, wußte nicht, wer sie ist und konnte auch nicht wissen, ob ich bei ihr überhaupt landen konnte oder nicht. Obwohl der Saal ziemlich besetzt war, saß sie allein an einem Tisch. Ich ging schnurstracks zu ihr, verneigte mich leicht und sagte: »Hallo! Darf ich mich zu Ihnen setzen?« Sie antwortete nicht, deutete mir nur mit einer Handbewegung an, daß ich mich setzen durfte.

Wortlos stocherte ich in meinem Essen herum und warf dem Mädchen verstohlene Blicke zu. Sie hatte große, wunderschöne dunkle Augen, und ihre blonde Haarpracht blendete mich. Unter ihrem Kleid zeichneten sich zwei wohlgeformte Busen ab, dessen Knospen gegen den dünnen Stoff drückten und sich so sichtbar machten. Das Mädchen bemerkte meine Bewunderung und genoß es auch, was mir ein Lächeln auf seinem Gesicht verriet. Diese wunderbare Frau war schneller und früher als ich mit dem Essen fertig. Sie stand auf, nickte mir zu und schwebte auf Pfennigabsätzen in Richtung Ausgang. Ich begleitete sie mit meinen Augen, die perfekte Form ihrer langen, schlanken Beine faszinierte mich, ihr wunderbar geformter Hintern wippte in Rhythmus ihrer Schritte. Erst als sie durch die Tür verschwunden war, fiel mir ein, daß ich mich ihr gar nicht vorgestellt hatte.

Abends zu Hause erzählte ich meiner Mutter von ihr. Sie sah mich nachdenklich an. Wir gingen dann zu Bett. Ich schmiegte mich an sie, umarmte sie und küßte ihre Brüste. Es fiel kein Wort. Dann fragte Mutter. »Denkst du jetzt an sie?«

»Ja, Mama«, antwortete ich.

Mutter erfaßte meine Eichel und führte sie zu ihrer

Muschi. »Komm mein Junge. Steck ihn rein. Fick sie! Fick sie! Ich bin jetzt sie, ich bin das schöne Mädchen! Fick sie!« Und als ich dann zu stoßen begann, sprach sie weiter: »Fühlst du sie? Fühlst du ihre Fotze? Ist es schön, sie zu ficken? Fick, Ben! Fick! Fick!« Und ich kam in einer Flut von Sperma.

Als ich dann meine Mutter küßte, merkte ich, daß ihr Gesicht naß war. »Weinst du Mama?« fragte ich.

»Nein, mein Liebling! Mir ist nur etwas ins Auge geraten. Aber es ist schon gut!«

Ich schlief ein, doch mir schien plötzlich, daß ich sie leise schluchzen hörte. Ich wurde wach. Tatsächlich, ihre Schultern wurden vom Weinen geschüttelt.

Am nächsten Tag im Betrieb zog mich mein Arbeitskollege, mit dem ich mich etwas angefreundet hatte, zur Seite: »Ich habe dich gestern in der Kantine gesehen. Ich rate dir, geh nicht zu diesem Mädchen.«

»Gehört sie vielleicht dir?« fragte ich.

»Um Gottes willen, nur das nicht! Gott behüte. Es ist gefährlich. Ich rate dir nur aus Freudschaft.«

»Das verstehe ich nicht. Was kann an einem Mädchen gefährlich sein?«

»Du wirst es schon sehen! Hör auf meinen Rat!«

Ich ließ mich nicht einschüchtern. Schon aus Trotz setzte ich mich wieder zu ihr. Sie saß wieder allein. Ich wurde mit einem freundlichen Lächeln empfangen. Ich fragte, ob ich mich vorstellen darf, da sagte sie: »Ich kenne Sie, Mr. Highland.« Ich schaute sie verwundert an: »Woher kennen Sie meinen Namen?«

Sie lächelte wieder: »Ich war bei Ihrem Vorstellungsgespräch dabei.«

»Ich habe Sie aber nicht gesehen.«

»Ich bin die Chefsekretärin. Ich stand am Aktenschrank, deshalb konnten Sie mich nicht sehen, Mr. Highland«.

»Nennen Sie mich Ben«, schlug ich vor.

»Gut, und Sie können mich Alice nennen«, reichte sie mir die Hand. Ihre Hand war feingliedrig, samtig und warm. Mehr haben wir nicht miteinander gesprochen, ich fühlte mich aber von einem rosafarbenen Nebel umhüllt.

Abends zu Hause versuchte ich, mich so normal wie nur möglich zu verhalten. Ich sprach mit Mutter über unsere Firma, über meine Arbeit. Alice erwähnte ich nicht. Doch sie fragte mich: »Arbeitest du mit diesem Mädchen zusammen?«

»Mit welchem Mädchen«, fragte ich ahnungslos.

»Du weißt genau, welche ich meine!«

»Ah ja, das Mädchen von gestern. Nein, ich habe sie nur kurz in der Kantine getroffen.«

»Und wie heißt das Mädchen?«

»Wir haben uns gestern gesehen, aber wir haben uns nicht vorgestellt«, war meine Antwort.

Mutter schien mir zu glauben. Um sie noch mehr zu beruhigen, kroch ich wieder zu ihr ins Bett. Normalerweise schliefen wir jeder in seinem eigenen Zimmer, wir besuchten uns im Bett nur, wenn unsere Geschlechtsteile durch ihre Erregung uns dazu Signale gaben. Ich widmete mich voll dem wunderbar süßen Körper meiner Mutter, und wir hatten viel Genuß aneinander gefunden. Um ganz ehrlich zu sein, konzentrierte ich mich so sehr auf meine Mutter, daß ich an das Mädchen, das sich Alice nannte, gar nicht dachte.

Das ist ein gefährlicher Punkt in einer inzestuösen Mutter-Sohn-Beziehung, wenn die Mutter befürchtet, den Sohn an eine andere Frau zu verlieren. Bens Eskapaden mit der Nachbarin, mit der älteren Kollegin der Mutter, waren für sie nicht bedrohlich, weil sie wußte, daß Ben sie für keine dieser Frauen verlassen würde. Aber eine junge Frau wie Alice kann eine Wende in Bens Leben bedeuten. Sollte Ben dem Mädchen verfallen, muß die Mutter befürchten, daß sie ihren Sohn als Sexualpartner – übrigens den einzigen Sexualpartner – verliert. Die Mutter muß in einem solchen Fall entweder sehr klug vorgehen oder ihren Sohn so sehr lieben, daß sie den Verlust akzeptiert, um das Glück ihres Kindes nicht zu gefährden.

Mein Arbeitskollege nahm mich erneut vor: »Sei nicht verrückt! Laß die Finger von diesem Mädchen!«

»Du bist wahnsinnig«, erwiderte ich. »Warum soll ich vor ihr Angst haben?«

»Hast du nicht gesehen, daß sie in der Kantine immer alleine sitzt? Keiner wagt es, sich zu ihr zu setzen, geschweige denn, mit ihr anzubandeln. Sie ist die Geliebte des Chefs! Der Chef ist verheiratet, aber er fickt seine Sekretärin. Und wenn er merkt, daß du dich ihr auch nur näherst, landest du auf der Straße!«

Ich war schon immer eine Kämpfernatur. Ich setzte mich auch an diesem Tag wieder zu Alice. Sie begrüßte mich freundlich und erkundigte sich, wie mir mein Arbeitsplatz gefällt. Ich spürte dabei die Blicke der ganzen Mannschaft. Und tatsächlich, als ich aufblickte, merkte ich, daß die vielen Gesichter, die mich bisher anstarrten, sich schnell in die Teller senkten.

»Sagen Sie, Alice«, begann ich meinen Sturmangriff, »haben Sie eine ansteckende Krankheit?«

Alice war intelligent. »Sie meinen, weil ich immer alleine sitze?«

»Ja.«

»Nun, mir ist es ganz recht so. Ich mag das dumme Geschwätz, das hier geführt wird, nicht.«

»Warum hat man vor Ihnen Angst, Alice?«

»Ich gebe dazu keinen Anlaß«, wich sie aus.

Da startete ich eine Rakete: »Man munkelt, Sie sind die Geliebte des Chefs.«

»So?« starrte sie mich mit ihren wundervollen Augen an. »Und wenn dem so wäre?«

»Dann wäre ich sehr traurig, weil ich dann bei Ihnen nicht landen könnte.«

»Sind Sie ganz sicher?«

»Habe ich eine Hoffnung?«

»Warten Sie auf mich nach Büroschluß da gegenüber in diesem Café«, sagte sie, reichte mir die Hand und ging. Mit Triumph im Herzen ging ich an meinen Arbeitsplatz zurück.

»Du läufst in dein Verderben«, schüttelte mein Kollege den Kopf.

»Ich bin daran gewöhnt, gegen Drachen zu kämpfen«, sagte ich.

Nach Büroschluß rannte ich in das genannte Café. Kurze Zeit später kam Alice. Sie bestellte einen Kaffee mit Cognac, dann sagte sie einfach: »Komm mit, Ben.«

Sie führte mich zu ihrer Wohnung. Es war ein schön eingerichtetes Apartment. Sie sagte einfach: »Dort ist das Badezimmer. Mach dich frisch.«

Ich war erstaunt. So einfach ist das? Kein Vorgeplänkel, keine Eroberung, keine Erklärungen, einfach nur ‚Mach dich frisch'? Doch dies erleichterte nur meine Sache. Ich zog mich aus, wusch meinen Schwanz und trat nackt aus dem Bad. Mein Schwanz stand vor Erwartung steil nach oben.

Alice lag im Bett. Als sie mich erblickte, schlug sie die Decke zurück: »Komm!« Auch sie war nackt. Ich legte mich zu ihr, wir umarmten und küßten uns. Ihr Mund war frisch und heiß. Meine Hände erkundeten ihren tadellosen Körper, aber auch ihre Hände gingen auf Wanderschaft. Sie umfaßte meinen Schwanz: »Der ist herrlich!«

Und dann fickten wir los. Ich kann es nicht beschreiben. Sie war die perfekte Frau, wie sie sich ein Mann nur wünschen kann. Eine Figur, die die Venus von Milo in den Schatten stellte. Ein Bauch, wie ihn nur Michelangelo hätte aus Marmor meißeln können. Ihr Busen wie ein Traum, ein Arsch, der schöner nicht hätte sein können und eine Traumfotze, die mich in den siebten Himmel katapultierte. Mein Pimmel war glücklich. Ich habe sie zweimal hintereinander gefickt, wobei sie unzählige Male kam.

Dann sagte sie plötzlich: »Du mußt jetzt gehen. Ich bekomme Besuch, und ich muß erst baden.«

»Kommt der Chef zu dir?« fragte ich.

»Ja.«

»Also, es ist wahr, er fickt dich!« brach es aus mir

heraus. »Fickt er dich zumindest gut?«

Ich war in meiner Enttäuschung sehr grob. Doch sie bewahrte ihre Ruhe. »Ja, er ist sehr gut im Bett!«

»Besser als ich?«

»Das habe ich nicht gesagt.«

»Aber du hast mit mir geschlafen und das war's dann wohl auch!«

»Das werden wir noch sehen«, sagte sie und gab mir einen Kuß auf den Mund.

Ich kam später als gewohnt nach Hause. Mutter fragte nicht. Ich aß schweigend und fragte dann: »Kann ich zu dir ins Bett?«

»Das weißt du doch«, sagte Mutter.

Ich drang in ihren Körper ein, wie jemand der heimfindet. Wir bewegten uns in unserem gewohnten Rhythmus. Es war wunderbar. Ich versuchte dabei, das Gefühl, das ich in Mamas Körper fühlte, mit dem zu vergleichen, das mir Alices Fotze bereitete.

Mutter schien meine Gefühle und Gedanken zu erahnen. Mitten im Liebeskampf fragte sie plötzlich: »Hast du sie gefickt?«

»Ja, Mama!«

»War sie gut?«

»Ja, Mama!«

»Wie heißt sie?«

»Alice.«

Mehr wurde nicht gesprochen. Wir haben unser Tempo verlangsamt, um lange die Berührung unserer Geschlechtsteile auszukosten. Wir schliefen dann in einer innigen Umarmung ein.

Am nächsten Tag setzte ich mich nicht zu Alice. Ich nickte ihr nur zu, ging aber dann zu einem anderen, leeren Tisch. Kaum hatte ich mich hingesetzt, nahm Alice ihr Tablett und setzte sich zu mir: »Magst du mich nicht mehr?«

»Und du?« fragte ich zurück.

Alice antwortete ganz einfach, ohne jede Dramatik: »Ich kann dich gut leiden.« Dann nach einer Weile sagte sie: »Heute habe ich keine Zeit, aber morgen kannst du nach Büroschluß zu mir kommen. Dann kannst du über Nacht bleiben.«

Mir blieb der Atem weg.

Am nächsten Tag ging ich mit ihr. Diesmal haben wir einander mehr Zeit gewidmet. Wir schmusten miteinander. Wir entkleideten und streichelten uns gegenseitig. Unsere Hände wanderten über die Kostbarkeiten des anderen, sie genießend.

»Du bist sehr schön«, sagte ich. »Du bist wunderschön!«

»Du gefällst mir auch«, sagte Alice, »besonders das hier«, und nahm meinen Schwanz in den Mund. Ich schrie vor Lust auf. Ich mußte mich ihr entreißen, damit ich nicht frühzeitig ejakuliere. Dann gingen wir ins Bett. Es war herrlich. Wäre ich nicht in meine Mutter verliebt gewesen, ich glaube, ich hätte mich in Alice verliebt. Ja, ich war auf irgendeine Weise in sie verliebt. Ich kann es nicht beschreiben. Es war anders als bei meiner Mutter, doch es war Liebe, ganz sicher.

Gegen Abend stand ich auf. »Alice, ich muß gehen.«

»Hast du jemanden anderen?« fragte sie.

Ich antwortete: »Du fickst auch nicht nur mit mir!«

»Das ist wahr«, entgegnete sie.

Hätte ich mich von außen beobachten können, hätte ich sofort erkannt, daß ich sie liebe. Nicht so wie meine Mutter, sicherlich; so nahe könnte mir in diesem Leben niemand stehen. Doch diese Streiterei deutete deutlich darauf hin, daß ich sie für mich alleine haben wollte und auf den Chef eifersüchtig war – oder wer immer sie ficken durfte.

Mutter fragte wieder nichts. Sie sprach über Anne; sie vermißte mich sehr, ich habe sie in der letzten Zeit vernachlässigt. »War sie heute da?« fragte ich.

»Ja.«

»Habt ihr es miteinander getrieben?«

»Ja, es war sehr schön.«

»Hat sie dich schön geleckt?«

»Ja.«

»Und du sie?«

»Ja, ich habe sie auch geleckt.«

Vor dem Zubettgehen fragte mich Mutter: »Brauchst du mich heute nacht?«

»Ich brauche dich immer, Mutter!«

»Willst du zu mir ins Bett kommen?«

Ich kroch zu ihr. Mein Schwanz stand nicht, ich hatte mich nachmittags ausgefickt, es war trotzdem sehr schön, den Körper meiner Mutter zu fühlen. Sie verwöhnte meinen Schwanz mit ihren Händen und fühlte, daß er sich nur wenig regte.

»Wo hat dich Anne geleckt?« ließ ich die blödsinnige Frage los.

Mutter lachte laut auf: »Hier«, und drückte meinen Kopf zu ihren Schamlippen. Ich spürte ihren Geruch.

Sie wusch sich nach ihrem Liebesspiel mit Anne nicht. Sollte das vielleicht eine Strafe für mich sein? Eine Strafe wurde es aber nicht; genau das Gegenteil war der Fall: Meine Nase zog den Duft aus ihrer Scheide tief ein. Es war berauschend. Es war schöner, als wenn der Geruch der Toilettenseife aus ihren Schamhaaren strömte.

Meine Zunge teilte ihre Schamlippen. Ihre inneren Lippen waren mit glitschigem, aber erregend riechenden Schleim bedeckt. Waren das noch Spuren von Anne? Ich leckte gierig diesen Schleim und kostete ihn als teure Delikatesse. Mein Schwanz stand wieder. Ich steckte meine Zunge tief in Mutters Fotze, um auch aus der Tiefe den köstlichen Nektar herauszusaugen. Mutter wand sich unter meinen Zungenschlägen. Ihre Klitoris trat aus den Falten ihrer Fotze heraus, und ich nahm diesen kleinen, köstlichen Pimmel mit seinem himmlischen Glanz in den Mund und lutschte und saugte daran.

Zwei Tage lang habe ich Alice in der Kantine nicht gesehen. Von einem Arbeitskollegen hörte ich später, sie ist mit dem Chef zu einer Tagung gefahren. Jetzt fickt er sie im Hotel, mutmaßte ich und spürte Eifersucht in mir aufsteigen. Eh, was soll's, dachte ich dann. Sie ist nur ein Flittchen, die jedem ihre Fut hinhält, wo sie sich einen Vorteil davon erhofft. Doch es konnte mich nicht beruhigen.

Dann, Tage später, sah ich Alice wieder in der Kantine. Ich setzte mich zu ihr, und sie begrüßte mich sehr freundlich. Übrigens, meine Mitarbeiter haben mich inzwischen für Superman gehalten, der keine Angst vor dem großen Boß hat und sich an den Tisch seiner Geliebten setzt.

»Was hast du heute vor?« fragte ich Alice.

»Wenn du zu mir kommen möchtest, dann weiß ich, was ich vorhabe.«

»Warum gehen wir nicht irgendwo hin, wo wir uns schön hinsetzen und uns bei einem Abendessen oder einem Gläschen unterhalten können?« fragte ich. »Was schlägst du also vor?«

»Weißt du was? Gehen wir in den Stadtpark spazieren, das Wetter ist so schön!«

»Gut, einverstanden«, sagte ich.

Nach Dienstschluß haben wir uns wieder vor dem kleinen Café getroffen. Alice wollte gar nicht reingehen, deshalb gingen wir gleich los. Der Stadtpark war zwar nicht leer, aber wir fanden doch ein Plätzchen, wo wir alleine waren. Ohne Umschweife fiel mir Alice um den Hals und steckte mit ihre Zunge in meinen Mund.

Mir wurde von ihrem Kuß schwindelig. Mein Herz raste, und ich war nun sicher, daß ich diese Bestie liebe. Um so mehr drückte mich ihr Verhältnis zu unserem gemeinsamen Chef. Der Schmerz stieg unaufhaltsam in mir hoch, und ich – dumm wie ich vor Liebe war – fauchte sie an: »Wann hast du deinen Chef zuletzt so geküßt?«

»Du bist gemein!« sagte sie. Ich wollte sie umarmen, aber sie stieß mich von sich. »Ich gehöre weder meinem Chef, noch jemandem anderen. Ich gehöre nur mir selbst, und ich bin so wie ich bin. Entweder akzeptierst du mich so wie ich bin, oder ...« Sie beendete den Satz nicht.

Wir gingen langsamen Schrittes schweigend nebeneinander. Zwei Kräfte kämpften in meiner Brust miteinander: Der Wunsch, sie zu besitzen, und der Schmerz darüber, daß sie mir nicht gehört, daß sie sich verteilt, wie ich es in meinem Inneren formulierte. Dann griff ich nach ihrer Hand, und sie entzog sie mir nicht. Es war schön, diese schmale Mädchenhand anzufassen und mit ihr so zu schlendern. Dann wollte ich sie küssen, und sie ließ es zu. Plötzlich erschauerte sie. »Komm, wir gehen zu mir!«

»Frierst du?« fragte ich, »es ist gar nicht kalt.«

»Ja, ich friere«, hörte ich ihre Stimme, »ich friere vor mir selbst!«

Ich konnte das nicht verstehen, aber ich wollte sie nicht weiter aufwühlen. Ich merkte, daß sie in ihrem Inneren mit sich kämpfte. Bei ihr angekommen, fiel sie über mich her und begann, mir die Kleider vom Leib zu reißen.

»Warte, ich mache mich frisch«, sagte ich, doch sie ließ mich nicht: »Ich kann nicht warten. Komm jetzt!« Und sie warf sich auf das Bett – inzwischen hat sie sich auch aus ihren Kleidern befreit – und streckte die Hand nach mir aus. »Komm jetzt, ich will dich!«

Zitternd vor Verlangen drang ich in sie ein, und in diesem Moment spürte ich, daß ich dieser Frau verfallen war. Ich will sie haben, koste es, was es wolle, ich will und kann auf sie nicht verzichten. Jetzt hatte ich zwei Wesen, die – so spürte ich – eng mit meinem Leben verbunden waren: meine Mutter und Alice.

Nicht nur mein Schwanz war jetzt mit ihr vereinigt. Ja, mein Schwanz war nach ihrem Geschlecht verrückt, mein Schwanz schien alle seine Poren zu öffnen, um jede einzelne Zelle ihrer Vagina zu spüren, sie zu genießen, sich von ihrer Berührung betäuben zu lassen. Aber mein Herz war auch dabei! Ich wollte mit ihr, mit ihrem Körper eins werden, mit ihr zusammenwachsen, damit man uns nie mehr voneinander trennen kann.

Alice schien zu spüren, was sich in meinem Inneren abspielte, denn sie klammerte sich an mich und gab sich mir mit einer Wildheit hin, die ich bis dahin nicht kannte. Unser Liebesspiel war eher ein Liebeskampf; es gestaltete sich wie ein Tobsuchtsanfall, und wir fickten wild, schwitzend und röchelnd. Unsere Geschlechtsteile rieben sich mit einer Wildheit aneinander, die bestimmt große Schmerzen verursacht hätte, wäre unsere Gier und Ekstase nicht so übermenschlich groß gewesen. Und dann, als sich in mir die Lawine löste, als mein Samen in mir hochstieg und brennend und mich in lustvolle Zuckungen zwingend seinen Weg durch meinen Schwanz bahnte und in den Bauch von Alice strömte, schrie ich in ihr Gesicht, das sich vor Wollust verzerrt unmittelbar vor meinem befand: »Alice, ich liebe dich!«

Wir lagen dann nebeneinander, schweigend, nach Luft schnappend. Ich glaube, für Alice war dieser Kampf ebenso überwältigend und einmalig wie für mich. Sie beschattete ihre Augen mit einem Unterarm. Ihre andere Hand lag an meiner Brust, und nur ihr Daumen machte Zuckungen, genau über meinem Herz. »Alice, ich liebe dich. Ich will dich heiraten!«

Alice setzte sich auf: »Das ist unmöglich, Ben.«

»Liebst du mich nicht?«

»Auf eine Art ja, aber ich kann mich nicht binden.«

»Vielleicht, weil du an den Chef gebunden bist?«

»Ist möglich«, antwortete sie. Dann sagte sie leise: »Ich bin frei, und ich kann machen, was ich will. Ich nehme einen Mann nur einmal, weil ich mich nicht binden möchte. Schon das zweite Mal können persönliche Wünsche auftreten.«

»Also, du nimmst jeden Mann nur einmal. Außer den Chef.«

»Ja, so ist es: außer den Chef.«

»Warum bin ich dann jetzt bereits zum dritten Mal bei dir?«

»Ich weiß es nicht. Vielleicht mag ich dich.«

»Ich halte es nicht aus. Ich gehe jetzt.«

»Geh, wenn du willst. Aber dann sehen wir uns nie wieder!«

»Versteh doch, ich liebe dich. Ich will dich haben! Für mich allein!«

»Wenn du mich haben willst, dann mußt du teilen. Oder aber ...«

Ich rannte weg. Ich rannte einfach ohne Abschied weg. Ich rannte nach Hause, hastig, atemlos. Ich stürtzte in die Wohnung. Mutter saß am Tisch und wartete auf mich. Ich fiel vor ihr auf die Knie und grub mein Gesicht in ihren Schoß. Ich wurde von einem Weinkrampf geschüttelt.

Mutter fragte nichts. Sie entkleidete mich und legte mich in ihr Bett. Dann zog sie sich auch aus und legte sich mit ihrem nackten Körper neben mich. Sie umarmte mich und zog mich an ihre Brust. Sie wiegte mich in ihren Armen und flüsterte mir leise zu: »Beruhige dich, mein Leben. Beruhige dich. Es wird alles gut. Du wirst sehen, es wird alles gut. Sie wird dich lieben. Es ist unmöglich, dich nicht zu lieben. Ich weiß es. Komm, mein Kleines, komm, du bist jetzt bei deiner Mami. Es wird alles gut.«

Eine ganze Woche lang ging ich nicht in die Kantine. Ich blieb auch nach der Arbeit länger im Betrieb, um unterwegs nicht mit Alice zusammenzutreffen. Ich stürzte mich in die Arbeit wie ein Besessener. Dann hielt ich es nicht mehr aus. Ich ging zu ihrem Haus und spazierte davor auf und ab. Ich sah sie nach Hause kommen; sie erblickte mich auch. Sie stellte sich vor mich und sagte einfach: »Komm rauf!«

Oben bei ihr angekommen, fielen wir einander um den Hals. Wir liebten uns, küßten uns und liebten uns dann erneut. Als wir völlig erschöpft waren, sagte sie zu mir: »Du kannst jederzeit zu mir kommen. Wann du nur willst. Ich will deine Geliebte sein.«

»Und der Chef?« fragte ich.

»Er kommt nicht mehr hierher.«

»Siehst du ihn nicht mehr?«

»Doch, aber wir treffen uns woanders. Er weiß von dir und ist einverstanden.«

»Ob ich einverstanden bin, das fragst du nicht?« brach es aus mir heraus.

Alice schaute mir in die Augen: »Bitte, versteh

mich. Ich will dir gehören, aber auf ihn will ich nicht verzichten. Ich kann nicht. Ich bin ihm zu sehr verpflichtet. Wir schlafen nicht oft miteinander. Höchstens zwei- bis dreimal im Monat. Manchmal bis zu sechs Wochen lang nicht. Aber ich brauche ihn.«

»Wie soll ich das verstehen? Wie kannst du erwarten, daß ich dich mit einem fremden Mann teile?«

»Er ist kein fremder Mann. Er ist mein Vater. Das darf niemand wissen, auch du nicht. Wenn er erfährt, daß du es weißt, das würde ihn vernichten. Ich bin seine uneheliche Tochter, aber ich betrachte ihn nicht als Vater. Er ist mein Liebhaber. Du kannst mein Freund, mein Partner sein. Wir können einander gehören, wenn du bereit bist, diese Situation zu verstehen, zu respektieren und zu ertragen. Sonst müßte ich mich von dir trennen, und das würde mir wirklich weh tun.«

Mit brummendem Schädel kam ich nach Hause. Mutter sah, daß ich kämpfte. Sie nahm mich zu sich ins Bett. Und ich erzählte ihr alles. Ich erzählte ihr, daß ich sie über alles liebe, aber auch Alice liebe. Ich erzählte ihr auch, was sie über ihr Verhältnis zu ihrem Vater gesagt hatte. »Was soll ich tun, Mama?«

Mutters Stimme klang beruhigend: »Nimm die Sache so, wie sie ist. Warte ab, bis die Zeit alles regelt. Nimm die Situation an und werde glücklich mit Alice. Daß sie ihr Verhältnis behalten möchte, mußt du verstehen und akzeptieren. Auch du hast ein Verhältnis zu mir, zu Anne, zu Kathy, und ich weiß nicht, zu wem allem noch. Auch Alice muß das erdulden. Oder willst du, daß wir uns nicht mehr so lieben wie bisher?«

»Das könnte ich nicht ertragen, Mama!«

»Na siehst du! Alice sitzt im selben Boot. Ihr paßt gut zueinander. Laß ihr ihre Freiheit, sie wird auch dir deine Freiheit lassen. Man kann auf verschiedenen Wegen glücklich werden. Schau, dein Vater ließ auch zu, daß andere Männer mich besitzen. Er hat daraus sogar noch Lust empfangen. Versuch es genauso, und du wirst sehen, du wirst sehr glücklich sein.« Dann fragte sie: »Hast du heute mit Alice geschlafen?«

»Ja, Mama.«

»Bist du erschöpft, oder könntest du auch deiner Mama noch ein bißchen Freude schenken?«

Ich kroch wortlos unter die Decke. Wir schliefen ein, doch später wachte ich erneut auf. Mutter streichelte meinen Schwanz. Ich schob ihn bei ihr rein, aber sie hielt mich fest. »Bleib so, mein Kleines«, sagte sie dann, »beweg dich nicht. Wir sollen einander nur fühlen. Du hast deine Lebenspartnerin gefunden, ich bleibe bald allein«.

»Nein, nein, Mutter, ich verlasse dich nicht!«

»Wie willst du dann mit Alice zusammenleben?«

»Sie will nicht mit mir zusammenleben. Sie will nur ein Verhältnis mit mir haben. Ich kann hier bei dir bleiben.«

»Das wird sich bald ändern, Schatz. Ich weiß es. Und damit ich nicht allein bleibe, werde ich heiraten.«

»Was?« schreckte ich auf. »Du willst heiraten? Wen willst du heiraten?«

»Unser Betriebsleiter hat um meine Hand angehalten.«

»Hast du mit ihm geschlafen?« rief ich aus.

»Nein, noch nicht«, sagte Mutter mit Zurückhaltung, und was mich störte, war das Wort ‚noch'.

»Liebst du ihn?« war meine nächste Frage.

»Oh nein, mein Kleines«, sagte Mutter. »Lieben kann ich nur dich. Und auch wenn ich heirate, für dich werde ich immer da sein. Auch im Bett«, fügte sie noch hinzu. »Ihn liebe ich nicht, aber ich fühle mich zu ihm hingezogen. Er sieht sehr gut aus, ist ein sehr ordentlicher, ehrlicher Mann, und er übt auf mich auch einen besonderen erotischen Reiz aus. Ich glaube, ich könnte mich mit ihm gut verstehen.«

»So, du willst ihn heiraten. Und dann mit mir betrügen!«

»Aber, mein Kleines, das ist kein Betrug! Das ist nur Mutterliebe! Ich bin du und du bist ich. Mit mir selbst kann ich niemanden betrügen.«

Diese Logik leuchtete mir zwar nicht ein, aber so denken eben die Frauen.

»Und wann wollt ihr heiraten?«

»Das steht noch nicht fest.«

»Und wann willst du mit ihm schlafen?«

»Das steht auch noch nicht fest.«

‚Na, dann gut', dachte ich, und schlief ein.

Die Eifersucht ist ein mörderisches Gefühl, das Menschen sehr unglücklich machen kann. Doch die Eifersucht hat auch eine andere Funktion: Sie weckt Begierden. Ein Mann, dem seine Frau durch Gewöhnung schon fad und uninteressant geworden ist, wird sie sofort begehren, sobald er merkt, daß sie von einem Rivalen begehrt und belagert wird. Und noch mehr, wenn er merkt, daß die Frau Interesse an die-

sem Rivalen zeigt. Das gilt aber auch umgekehrt, für die Frauen, die ihren Mann nicht mehr begehren.

Den nächsten Abend verbrachte ich wieder bei Alice. Wir konnten nicht ins Bett steigen, sie hatte ihre Tage. Aber ich habe mich mit ihr ausgesprochen.

»Alice, ich liebe dich von ganzem Herzen. Ich möchte mein Leben mit deinem zusammenbinden. Ich fühle, nein, ich weiß, daß ich ohne dich nicht leben kann und nicht leben will. Warum willst du nicht meine Frau werden?«

Sie lehnte ihren Kopf an meine Schulter und sagte fast flüsternd: »Ich hätte nie gedacht, daß ich einen Mann je lieben kann. Bisher habe ich sie nur benutzt und weggeworfen. Nur zu einem einzigen fühlte ich mich hingezogen, und das war mein Vater. Ihn liebe ich wie meinen besten Freund, und ihn begehre ich als Mann. Ich möchte ihm nie Schmerzen zufügen, und jetzt quält mich, daß ich dir Schmerzen und Kummer zufüge. Aber verstehe doch meine Lage. Ich glaube, ich könnte mit dir bis zum Tode zusammenleben, wenn ich nur auch meinen Vater als Liebhaber behalten kann. Ich weiß, du empfindest das als ‚unnormal', als ‚pervers', daß ein Mädchen mit dem eigenen Vater ins Bett geht. Aber ich kann nicht aus meiner Haut, ich kann nicht über meinen eigenen Schatten springen. Ich sehne mich nach dir, du machst mich geil, und ich hänge an dir. Doch er war der erste Mann in meinem Leben, und den ersten kann keine Frau vergessen. Ich bin besessen, seinen Schwanz in mir zu spüren. Verzeih mir, aber ich kann nicht anders.«

Ich glaube, ich küßte ihren Mund mindestens zehn Minuten lang. Dann sagte ich: »Jetzt paß auf, du kleine, perverse, verfickte Göre! Du fickst mit deinem Vater und ich mit meiner Mutter! Was sagst du nun dazu?«

»Ist das wahr«, strahlten mich ihre Augen an, »willst du mich nicht nur trösten?«

Ich erzählte ihr die Geschichte meiner Liebe zu meiner Mutter. Sie hielt mich die ganze Zeit über eng umarmt. Sie streichelte mein Gesicht und küßte mich.

»Genauso wie du auf deinen Vater nicht verzichten kannst, kann und will auch ich auf meine Mutter nicht verzichten. Ich wußte nur nicht, wie ich dir das beibringen soll. Aber wenn du mich wirklich liebst, dann akzeptierst du, daß ich ab und zu mit meiner Mutter schlafe, und dann habe ich auch nichts dagegen, wenn dein Vater dich fickt. Was hältst du davon?«

Ihre Freude war unbeschreiblich. »Ich rufe ihn sofort an und sage ihm das!«

»Tu das nicht, bitte, ich selbst werde ihm das mitteilen.«

»Wie willst du das machen? Du kannst nicht so einfach mit diesem Thema zu ihm hineinplatzen.«

»Das ist auch nicht nötig. Er weiß von unserem Verhältnis, und er ist damit auch einverstanden. Du bist offiziell seine Sekretärin. Sag ihm, er soll mich unter irgendeinem Vorwand zu sich rufen, um sich über meine Einstellung und meine Absichten zu vergewissern. Den Rest überlaß dann mir.«

»Tolle Idee!« strahlte Alice.

Als ich zu Hause ankam, war die Wohnung leer;

Mutter war noch nicht zu Hause. ‚Nanu', dachte ich, ‚wo kann sie sein? Zu dieser Zeit ist sie immer zu Hause.' Ich rief bei Anne an, dort war sie auch nicht.

»Beunruhige dich nicht«, hörte ich Anne am Telefon sagen. »Bestimmt fühlt sie sich wohl«, sagte sie noch mit einem seltsamen Unterton in der Stimme.

Es dauerte noch eine geschlagene Stunde, bis Mutter eintraf. Ich sah, daß mit ihr etwas geschehen war.

»Wo bist du gewesen?« fragte ich sie in einem Tonfall, den nur eifersüchtige Ehemänner treffen.

»Ich war mit meinem Filialleiter essen«, sagte Mutter. Sie stand immer noch in meiner Tür.

»Erzähl mir!« forderte ich barsch.

»Da ist nicht viel zu erzählen. Er bat mich, nach Betriebsschluß noch zu bleiben, er möchte mich sprechen. Dann bat er mich in sein Büro und sagte, er kann nicht länger warten; er will wissen, woran er ist. Ich sagte ihm, daß ich ihn mag, aber ich habe einen Sohn, auf den ich Rücksicht nehmen muß. Er sagte, er will dir deine Mutter nicht wegnehmen, er will nur mit mir leben und auch mit dir ein sehr gutes Verhältnis haben.«

»Na und?«

»Was, na und.«

»Was war dann? Seid ihr zum Essen gegangen?«

»Nein.«

»Mutter, spann mich nicht auf die Folter. Ich muß alles wissen, denn du bist mein Ein und Alles. Ich habe dir alles über Kathy, über Anne, sogar über Alice erzählt. Du mußt mir auch alles sagen!«

»Aber wirst du nicht eifersüchtig werden?«

»Mutter! Wenn du ihn heiratest, wird er dich regelmäßig ficken. Er wird dein Mann sein. Wie könnte ich dann eifersüchtig sein? Erzähl mir bitte alles, du darfst nichts verschweigen!«

»Gut. Na, dann sagte er, daß er mich liebt, daß er mich begehrt, und dann hat er mich geküßt.«

»Wie geküßt?«

»Na, wie küßt man? Er hat mich, so im Stehen umarmt, an sich gedrückt und auf den Mund geküßt. Das hat mich schon ein bißchen erregt. Aber dann spürte ich seinen harten Schwanz in der Hose. Er drückte ihn gegen meinen Körper, da juckte meine Möse schon gewaltig. Dann knetete er meine Brust, und ich erlaubte ihm auch, daß er in meine Bluse greift. Er holte eine Brust heraus und lutschte daran. Da ist mir fast einer abgegangen. Du weißt, seit dem Tode deines Vaters habe ich mich außer von dir von keinem Mann berühren lassen.«

»Mutter, mein Pimmel steht. Erzähl weiter.«

»Dann hat er hinten meinen Rock hochgezogen, von oben in mein Höschen gegriffen und mit beiden Händen meine Arschbacken gestreichelt. Damit hat er mich sehr geil gemacht, aber auch sein Schwanz schwoll mächtig an. Ich spürte ihn durch seine Hose. Ich griff zu und umfaßte seinen Schweif. Er hat wirklich was in der Hose. Dann öffnete er seinen Hosenschlitz und holte sein Ding heraus. Er wollte ihn mir in die Hände drücken. Da hörten wir Geräusche und mußten aufhören. Die Putzfrau kam. So gingen wir in das Restaurant ‚Castle‘ und haben dort schön gegessen. Während der ganzen Zeit versuchte er, seine

Hand in mein Höschen zu bekommen. Es war nicht möglich, er hätte sich tief bücken müssen, und das wäre aufgefallen. Aber auch ich massierte unter dem Tisch seinen Pfahl durch die Hose. Dann brachte er mich nach Hause.«

»Hat er dich gefickt?« kam die Frage heiß aus meiner Kehle.

»Teilweise«, sagte Mutter lachend.

»Was heißt teilweise?«

»Na, hier im Treppenhaus holte er seinen Schwanz heraus, zog meinen Slip etwas nach unten. Er fummelte an meiner Möse, dann versuchte er, mir seinen Schwanz so im Stehen reinzustecken.«

»Hat er ihn dir reingesteckt?«

»Nicht sehr weit. Er bekam nur seine Eichel hinein, aber auch das war angenehm. Aber er war sehr erregt und hat sofort abgespritzt. Es ging nur wenig in meine Möse, der Hauptteil landete in meinem Höschen, womit ich mich dann auch abputzte. Hier ist es«, sagte sie und holte ihr besudeltes Höschen aus ihrer Handtasche.

Sie stand noch immer in der Tür. Ich holte meinen zum Bersten gespannten Schwanz heraus. Er zeigte nach oben. »Mutter, ich werde dich jetzt ficken!«

»Warte, ich wasche mich erst unten.«

»Einen Teufel wirst du dich waschen. Ich will deine vollgefickte Pflaume so haben, wie sie ist!«

Mit einem Schritt war ich bei ihr. Ich hob ihren Rock und faßte an ihre Möse. Sie war klitschnaß. Mir war es egal, ob es von ihrer eigenen Geilheit oder aus dem Pimmel des Mannes stammte; ich wußte nur, ich muß meinen Schwanz in diese gefickte Möse reinstecken. Das tat ich auch und fickte sie so im Stehen. Ihr Mund klebte am meinen, unsere Speichel vereinigten sich. Als sie mich spritzen fühlte, bekam auch sie einen Riesenorgasmus, und wir sackten zu Boden.

»Das habe ich von dir auch erwartet!« sagte sie.

Ich fickte sie in dieser Nacht noch zweimal. Sie sagte, der Mann will am nächsten Abend kommen und die Nacht mit ihr verbringen.

Am nächsten Tag um zehn Uhr wurde ich zum Chef gerufen. In seinem Vorzimmer strahlten mich Alices Augen an. Ich klopfte an der Tür.

»Treten Sie ein.«

»Sie haben mich gerufen, Chef?«

»Ja, Mr. Highland. Ich wollte Sie fragen, ob Sie sich schon in unserem Betrieb eingelebt haben und wie Sie sich bei uns fühlen.«

»Danke, Sir, es ist alles bestens. Wenn das Ihre einzige Frage ist, dann hätte ich auch ein Anliegen.«

»Und das wäre?«

»Es geht um Ihre Sekretärin.«

»Ah, Alice. Was ist mit ihr? Ist es eine private Angelegenheit oder betrifft es die Firmeninterna?«

»Rein privat.«

»Dann weiß ich nicht, was ich mit der Sache zu tun ...«

»Sie haben damit zu tun«, unterbrach ich ihn. »Ich liebe Alice und will sie heiraten.«

»Ich mische mich nicht in die Angelegenheiten meines Personals.«

»Bitte, Sir, hören Sie mir zu. Sie können mich rausschmeißen, wenn Sie mich für zu dreist halten. Ich liebe Alice und mich betrifft alles, was mit ihr in Zusammenhang ist. Ich weiß, daß sie Ihre Geliebte ist ...«

»Mr. Highland, ich denke, Sie sind zu weit gegangen. Verlassen Sie mein Büro, sofort!«

»Einen Teufel werde ich tun, Sir, bevor ich Ihnen nicht alles gesagt habe. Wenn Sie mich rausschmeißen wollen, dann mache ich einen Skandal, das würde der Firma und Ihrem Ruf nicht bekommen. Bitte, hören Sie mich doch an! Sie wissen gar nicht, was ich Ihnen sagen will.«

»Gut, reden Sie!«

»Sir, mit allem Respekt, Sie schlafen mit Alice. Ich weiß auch, daß auch Alice an Ihnen hängt. Sie liebt mich, nur Ihnen zuliebe lehnt sie meinen Heiratsantrag ab. Dazu hat sie aber keinen Grund. Ich kann das Verhältnis zwischen Ihnen und Alice verstehen – und tolerieren. Ich liebe sie, und will, daß sie glücklich wird. Ich habe auch vor Ihnen großen Respekt, ja empfinde sogar Zuneigung. Bitte, fragen Sie nicht nach dem Grund. Auch wenn ich Alice heirate, will ich Ihre Verbindung nicht zerreißen. Meine Gefühle, aber auch mein Verstand, sagen mir, daß dies für Sie beide ein großer Verlust wäre. Deshalb möchte ich Ihnen hiermit verbindlich zusichern, daß sich zwischen Ihnen beiden nichts ändern wird. Sie können auch weiterhin mit Alice schlafen, wann Sie es nur beide wollen, auch wenn sie meine Frau wird. Ich glaube, ein größeres Geschenk kann ein verliebter Mann einem anderen, von ihm geschätzten Mann nicht machen.

Das war alles, was ich Ihnen sagen wollte.«

Der Chef sah mich lange schweigend an. Dann schaute er nachdenklich vor sich hin. Es vergingen einige sich qualvoll dahinschleppende Minuten, bis er seine Stimme gefunden hat: »Mr. Highland, ich danke Ihnen für Ihre Ausführungen. Sie sind ein sehr selbstbewußter, willensstarker junger Mann, Sie werden es noch weit bringen. Sie sind aber auch offen und ehrlich, das gefällt mir. Und ich sehe, Ihre Zuneigung zu Alice ist echt, Ihre Haltung ist edel.«

Dann, nach einer kurzen Pause, fuhr er fort: »Mr. Highland, ich danke Ihnen für Ihr großzügiges Angebot. Ich weiß, Sie tun es, um Alice glücklich zu machen. Sie werden es nicht bereuen!«

Er stand auf, gab mir die Hand, dann drückte er auf den Knopf. Alice erschien in der Tür: »Sie wünschen, Chef?« Ihre Stimme klang geschäftlich, aber in ihren Augen sprangen tausend kleine Teufel herum.

»Bitte, begleiten Sie unseren geschätzten Mitarbeiter und Freund, Mr. Highland, hinaus. Und dann will ich die Portland-Papiere sehen.«

»Sehr wohl, Chef«, sagte Alice. Aber im Vorzimmer umarmte sie mich und bot mir ihren Mund mit ausgestreckter Zunge zum Kuß an. »Du bist ein Teufelskerl. Ich liebe dich!«

Etwas Schöneres hätte sie mir nicht sagen können. »Sehen wir uns heute?« fragte ich noch.

»Ich glaube kaum. Ich blute noch sehr, und ich glaube, er (sie nickte mit dem Kopf in Richtung zum Chef) will mit mir sprechen. Es wird eine lange Aussprache sein. Ich rufe dich dann an und berichte dir.«

Am Nachmittag traf ich Mutter zu Hause an. Sie wartete schon auf mich. »Liebling«, sagte sie, »ich habe für dich gekocht. Aber ich kann nicht mit dir essen. Ich gehe mit Fred aus und komme erst spät zurück. Fred wird hier bei mir schlafen. Liebling, hab Verständnis für mich.«

»Ist gut, Mama«, sagte ich darauf, »ich werde euch nicht stören. Wenn du willst, gehe ich rüber zu Anne und schlafe bei ihr.«

»Das kannst du nicht, ihr Mann ist zu Hause.«

»Ich kann auch zu Kathy gehen. Oder zu Alice.«

»Nein, Liebling, ich will, daß du da bist. Ich will, daß du in meiner Nähe bist, wenn ich Freude habe. Ich will keine Geheimnisse vor dir haben. Du kannst uns hier von deinem Zimmer aus zuschauen, wenn du willst.«

Ich umarmte sie und küßte sie auf den Mund. »Nein, Mama, ich bin und werde nicht eifersüchtig sein. Ich habe eingesehen, daß auch du mir alles gegönnt hast, obwohl es dir vielleicht nicht immer leicht gefallen ist. Ich will, daß du dich wohl fühlst, daß du genießt und daß du glücklich bist.«

»Soll ich mich von ihm ficken lassen? Würde dich das erregen? Willst du deine Mama ficken sehen? Sag mir, mein Liebling, ob du es willst.«

Ich sagte: »Ja.«

Mutter zog sich schick an und ging. Ich blieb alleine. Seltsam, aber ich fühlte wirklich keine Eifersucht mehr in meinem Herzen. Ganz im Gegenteil, es erregte mich ein wenig, daß meine Mama von einem fremden Mann gevögelt wird, daß er seinen Schwanz in ihre Fotze steckt und sie vollspritzt. Ich aß, dann nahm ich ein Buch und versuchte zu lesen. Aber ich sah nur die Buchstaben, den Sinn konnte ich nicht erfassen.

Dann habe ich an Alice gedacht. Wie treibt sie es wohl mit ihrem Vater? Ob sie seinen Schwanz in den Mund nimmt? Ob er sie bis zur Besinnungslosigkeit leckt. Hat er einen großen Schwanz? Spreizt er die Wände ihrer Scheide sehr? Genießt sie seinen Pimmel in ihrer Fotze? Tausend Fragen, die mich aber ebenso geil gemacht haben wie die Gedanken an meine Mutter. Ich habe mir vorgestellt, wie ihr Vater Alice seinen Schwanz in den Mund steckt und spritzt …

Ich bin dabei eingeschlafen. Ich wurde erst wach, als ich hörte, daß der Schlüssel im Türschloß umgedreht wurde. Ich setzte den Kopfhörer auf und drückte mein Auge auf das Loch. Ich sah die beiden reinkommen. Den Mann kannte ich schon, ich habe ihn schon ein paarmal gesehen, wenn ich meine Mutter an ihrem Arbeitsplatz besuchte.

Sie küßten sich. Mutter bot ihm einen Platz an und stellte eine Flasche Cognac und zwei Gläser auf den Tisch. Sie tranken. Dann sagte sie plötzlich: »Schatz, ich muß schnell ins Bad«, und schon verschwand sie im Badezimmer. Ich hörte, wie sie den Haken einhakte – aber nur an der Tür, die zu ihrem Zimmer führte. Fred konnte also nicht in das Badezimmer.

Ich hörte, daß sie den Hahn aufdrehte und dann hörte ich das Wasser rauschen. Gleich danach öffnete sich die Tür, und Mutter trat leise in mein Zimmer. Sie flüsterte: »Liebling, bist du da?«

»Ja, Mama, ich bin im Bett.«

Sie kam auf Zehenspitzen zu mir und küßte mich

auf den Mund. »Willst du uns zuschauen, Liebling?« fragte sie dann.

»Ja, das will ich, Mama!«

»Schön, das wird mich noch mehr erregen, wenn ich weiß, daß mein Kind mir beim Ficken zusieht. Aber bitte, wichse nicht. Ich komme nachher, wenn er eingeschlafen ist, zu dir und werde dich mit dem Mund erleichtern. Ich will nicht, daß du deine Lust nutzlos verspritzt. Ich will dich verwöhnen!«

»Gut, Mama, ich werde nicht wichsen. Aber ich möchte jetzt deine Muschi küssen.« Mama hob ihren Rock, zog das Höschen aus und hielt mir ihre Fotze hin. Ich drückte einen herzlichen Kuß darauf und flüsterte ihr zu: »Ich wünsche dir, liebe Mama, daß du hier, wohin ich meinen Kuß pflanzte, sehr viel Genuß und Wollust bekommst!«

Mutter gab mir einen Kuß und ging ins Bad. Sie ließ aber meine Tür offen, damit ich alles sehen kann. Und ich schaute ihr zu, wie sie sich über das Bidet hockte und ihre Fotze wusch. Dann winkte sie mir zu, warf mir einen Kuß zu und schloß meine Tür. Eine Sekunde später erschien sie durch das Loch in der Wand wieder in meinem Blickfeld.

Sie setzte sich auf die Bettkante, Fred saß auf dem Stuhl. Sie tranken noch ein Gläschen Cognac, dann ging Fred zu ihr und küßte sie auf den Mund, während er ihren Oberkörper auf das Bett drückte. Doch Mutter streckte ihre Hand abwehrend aus. »Warte ein bißchen, Fred. Leg erst deine Jacke ab und setz dich dort auf den Stuhl.«

Fred gehorchte. Als er wieder zu Mutter schaute,

sah er, was ich auch sah, daß sie ziemlich breitbeinig auf der Bettkante saß; ihr Rock war etwas hochgerutscht, und ihre Fotze war gut sichtbar. Ich merkte dann, daß sie – wie später auch – immer eine solche Position einnahm, damit ich alles gut sehen kann. Das erfüllte mein Herz mit Wärme, aber ich wurde auch unheimlich geil beim Beobachten der Szene, die sich vor meinen durstigen Augen abspielte.

Es war deutlich zu sehen, daß Fred einen Ständer hatte, als Mutter ihn ansprach: »Fred, meinst du es wirklich gut mit mir? Wirst du mich lieben, mir treu bleiben und auch meinen Sohn gut behandeln?«

»Das werde ich«, antwortete Fred »und deinem Sohn will ich – sein Vater kann ich nicht werden – aber ein guter Freund sein.«

»Dann komm und lieb mich«, sagte Mutter und streifte ihr Kleid über den Kopf ab. »Zieh dich aus«, sagte sie zu Fred, der sich in Windeseile entkleidete.

»Sollen wir das Licht nicht löschen?« fragt er.

»Nein, es kann uns niemand sehen, und ich will sehen, was ich habe«, antwortete Mutter.

Jetzt waren beide nackt, und Freds ansehnlicher Pimmel ragte fast senkrecht nach oben. Seine Eichel war groß und blutrot, er war sichtlich sehr erregt. Mit einem Sprung befand er sich neben Mutter auf dem Bett. Er drückte seine Lippen auf Mutters Mund; mit einer Hand griff er nach ihrem Busen, mit der anderen Hand zwischen ihre Beine.

Auch Mutter war sichtlich erregt. Sie griff nach Freds Schwanz, neigte ihren Kopf und nahm ihn in den Mund, Fred stöhnte sehr laut. Seine Hand wühlte weiterhin in Mutters Fotze, während er seine andere auf ihren Kopf legte, um ihn auf seinem Pimmel auf- und abzubewegen. Dann riß er seinen Schwanz aus Mutters Mund, drückte sie rücklings auf das Bett: »Ich will jetzt deine Fotze kosten«, sagte er.

Mutter spreizte willig die Beine, und Fred warf sich mit offenem Mund auf ihre Fotze. Er leckte nicht schlecht, denn Mutter wand sich unter seinem Zungenschlag, und auch ihr Gesicht zeigte Entzücken. Dabei schaute sie in meine Richtung, und über Freds Kopf hinweg warf sie mir einen Kuß zu.

Die Szene, die ich sah, erregte mich über alle Maßen. Meine Mutter bläst einen anderen Mann, und er leckt ihre Fotze. Fast habe ich meinen Entschluß, nicht zu wichsen, aufgegeben, nur die Vorfreude auf Mutters Mund hielt mich davon zurück.

Fred konnte dann anscheinend nicht mehr länger warten. Er legte sich zwischen Mutters Schenkel, sie erfaßte seinen Pimmel und führte dessen Spitze zu ihrer Lustspalte. Leicht rutschte sein Kolben in ihre vor Geilheit gut geölte Fotze, um seine Arbeit dort zu verrichten. Heftig stieß er mit seinem Becken, um die Tiefen in Mutters Scheide auszukosten. Ich sah seinen sehnigen Arsch, seinen Hodensack, der gegen Mutters Arsch klatschte. Ich sah Mutters gespreizte, in die Höhe ragenden Beine, die vor Lust zitterten.

Ich sah, wie Mutter mehrere Orgasmen hintereinander bekam, während Fred weiter in sie stieß. Ich kannte meine Mutter und alle ihre Regungen, so wußte ich immer genau, wann sich die Lust in ihrem Bauch steigerte und in süßen Krämpfen entlädt.

Der Kopfhörer ist mir heruntergefallen, deshalb hörte ich nur undeutliche Wortfetzen: »Dein Pimmel, deine süße Fotze, ah, ich ficke dich, spritz in mich hinein, mach es mir, Mary, ich liebe deine Fotze ...«

Dann kam der Orgasmus bei Fred. Seine Stöße wurden immer schneller, immer küzer. Seine Arschbacken wurden bei jedem Spritzer, der aus seinem Schwanz herauskam, zusammengekniffen und wieder gelockert; sein Stöhnen, ja, Röcheln, war sehr laut, und auch Mutter bewegte ihren Arsch immer heftiger: »Ah, fick mich, Fred, fick meine Fotze voll, komm, spritz rein, ahhhhhhhh, ich komme, ich komme!«

Sie hatten sich sehr verausgabt, denn sie blieben ohne sich zu bewegen lange in dieser Position liegen, in der sie den Höhepunkt erlebten. Nur langsam sanken Mutters Beine auf Freds Arschbacken.

Ich war sehr aufgewühlt. Zum ersten Mal sah ich, wie ein fremder Mann meine Mutter gefickt hat; wie er in ihren Körper eindrang, sie in Besitz nahm. Sie war – so glaube ich – die bewegende Kraft dabei, doch mir erschien sie als ein Opfer der männlichen Macht. Und in diesem Gefühl, das mir dabei entstand, war eine Portion Rachegefühl: ‚So, da hast du es bekommen! Du, der du einen Fremden an dich ließest, ihm deinen Körper geöffnet hast, deinen Körper, aus dem ich entstamme, um ihn an meine Stelle da hineinzulassen.' Und dieses Gefühl hat auch meine Geilheit bis ins Unermeßliche gesteigert, und in diesem Moment habe ich ein bißchen die Gefühle der Sadisten zu verstehen gelernt. Mein Schwanz war so voll Blut, daß ich hätte abspritzen können, ohne mich zu berühren.

Doch ich hielt mich mit übermenschlicher Kraft zurück: Nein, meine Stunde ist noch nicht gekommen. Das Weib muß noch mehr hergenommen werden, es muß noch mehr besudelt und erniedrigt werden, vollgefickt und vollgespritzt, erschöpft und malträtiert, das Weib – das ich auf dieser Welt am meisten liebte!

Und es geschah auch. Sie hatten sich erholt und fickten dann noch zweimal. Er nahm sie von hinten, und während er seinen Kolben in sie stieß, grabschte er nach ihren Titten, zerrte und knetete sie in Ekstase. Dann, zum dritten Mal, steckte er ihr seinen Schwanz in den Mund und machte Fickbewegungen. Dann setzte er sich auf die Bettkante, setzte sie auf seinen Schwanz und vögelte sie in dieser sitzenden Position. Ich hörte ihr Stöhnen, ihre Lustschreie, die ordinären Worte, mit denen sie sich gegenseitig traktierten, zwei brünstige, wilde Tiere einer Horde, die sich Menschheit nennt. Und als es ihm kam, sah ich, wie sein Schwanz aus Mutters geweiteter Öffnung herausrutschte, und er verspritzte seinen Samen in die Luft.

Er ging dann noch ins Bad, pißte und legte sich hin. Er schlief sofort ein. Dann ging sie ins Badezimmer, doch sie erschien gleich in meiner Tür. Sie stand da, an den Türpfosten angelehnt, nackt, schwitzend.

Sie kam zu mir. »Liebling, bist du noch wach? Laß das, faß mich nicht an, ich fühle mich so dreckig. Warte, zeig mir deinen Schwanz. Oh, mein Liebling, er ist so groß, so geschwollen! Warte, ich lutsche ihn dir aus!« Und sie versuchte, ihn in den Mund zu nehmen.

Doch ich warf sie auf das Bett. »Ich will dich ficken!« sagte ich leise.

»Nein, mein Engel, es geht nicht! Ich klebe so! Und ich bin so ausgeweitet.«

»Ich will dich ficken!« sagte ich erneut.

»Gut, dann warte, ich wasche mich zuerst.«

»Nein!« drückte ich sie ans Bett. Ich drückte ihre Schenkel mit meinen Knien auseinander. »Ich will dich so, wie du bist! So vollgerotzt will ich deine gefickte Hurenfotze haben!« Mein Schwanz glitt in sie. »Ich ficke dich durch, ich ficke das Leben aus dir heraus! Spreiz die Beine, Hure! Ah, ich spüre deine Geilheit tief in deiner Fotze! Komm, fick! Fick wie vorhin! Dein Sohn fickt dich jetzt!« Und als die Spannung in mir unerträglich wurde und ich das Kommen der großen Ausströmung fühlte, drückte ich meinen Körper auf ihren klebrigen Leib. »Gib mir deinen Mund! Gib mir deine Zunge, mit der du seinen Pimmel gelutscht hast! Komm, fick! Ich ficke dich zu Tode, du Hure, du Dreckshure, du Scheiße, du süße, du teure, du geliebte, du meine heilige, du meine angebetete einzige Mamaaaaaaaaaaaa!«

Ich spürte, daß sie unter meinen Stößen einen Orgasmus bekommen hatte, der größer, mächtiger und überwältigender war als alles, was sie mit ihrem Fred erlebte. Dann deckte sie mich zärtlich zu, strich mir über das Gesicht, küßte mich sanft auf den Mund und sagte: »Ich liebe dich so sehr, mein Sohn!«

Und ich erfaßte ihre Hand, küßte sie und flüsterte ihr zu: »Ich liebe dich auch, Mama! Sehr!«

Wir haben uns verstanden und wir liebten uns, vielleicht noch mehr als je zuvor. Dann ging Mama ins Badezimmer, und ich schlief glücklich ein, während ich das Wasser in die Badewanne strömen hörte.

Zwei Wochen später haben Mutter und Fred geheiratet. Ich habe mich daran gewöhnt, ihnen durch das Loch beim Ficken zuzusehen. Der Anblick verlor langsam den Reiz des Neuen, und manchmal schloß ich dabei einfach die Augen und schlief ein.

Gewiß, ich war ständig gereizt, ich lief ständig mit einem Steifen in der Hose herum, obwohl mich Mutter keine Sekunde vernachlässigte. Sie kam immer früher als Fred nach Hause, und ich fickte sie im Vorfeld. Als wir drei dann beim Abendessen saßen, schaute ich Fred mit Bedauern an. ‚Ich habe deine Frau gefickt', dachte ich, und manchmal hatte ich mit ihm sogar Mitleid.

Er bemühte sich redlich, mit mir freundlich zu sein. Freunde sind wir nicht geworden, aber wir benahmen uns einander gegenüber höflich. Leider war meine Beziehung zu Mutter nicht mehr so ungezwungen wie vorher. Da stand immer ein Fremder zwischen uns, auch wenn er eben persönlich nicht da war. Die glücklichsten Momente für mich waren immer, wenn Mutter, nachdem Fred schon schlief, heimlich zu mir in mein Zimmer kam und wir uns auf meinem Bett liebten. Wortlos, aber nicht nur mit dem Körper, sondern auch mit dem Herzen.

Mit Alice kam ich sehr gut aus. Wir haben schon Ausschau nach einer anderen Wohung gehalten, denn mein kleines Zimmer kam für uns zwei nicht in Frage, und ihre Wohnung war voller alter Erinnerungen. Wir wollten neu anfangen.

Anne hat sich manchmal beklagt, daß ich sie vernachlässigte. »Jetzt, wo deine Mama einen neuen Schwanz in der Wohung hat, könntest du mir deinen öfters leihen«, sagte sie lachend. Sie bekam ihn auch ab und zu. Nur Kathy, die liebe, alte, dicke Kathy bekam zu wenig von mir.

Etwa eine Woche nach Mutters Heirat stand der Chef bei der Betriebsversammlung auf, nahm ein Papier zur Hand und sagte: »Ich hätte Ihnen noch eine Mitteilung zu machen. Mr. Ben Highland ist ab heute neuer Abteilungsleiter der Forschungsabteilung. Ich gratuliere«, sagte er, reichte mir die Hand und überreichte mir die Ernennungsurkunde.

Ich wurde also in relativ kurzer Zeit Abteilungsleiter. Ich hörte die Mitarbeiter hinter meinem Rücken munkeln: ‚Mit der Chefsekretärin müßte man befreundet sein.' Aber das störte mich nicht. Sie kannten den wahren Hintergrund nicht.

Mit der Ernennung stieg auch mein Gehalt auf das Dreifache. Das war für mich sehr erfreulich, so konnte ich nicht nur meine Mama, sondern auch meine geliebte Alice besser verwöhnen.

Alice und ich kamen einander immer näher, seelisch und körperlich gleichermaßen. Und schließlich überraschte sie mich mit der Mitteilung, daß sie mich doch heiraten möchte.

»Unsere alte Abmachung mit Papa bleibt dabei bestehen, und auch du mußt deiner Mama nicht untreu werden.«

Mit dieser Regelung konnte ich leben. Allerdings hatte Alice darauf bestanden, daß, falls der eine oder

der andere von uns auf den Gedanken käme, sich eine kleine Abwechslung zu gönnen, das erlaubt wäre und es kein Grund für Streit oder sogar Scheidung sein würde. »Heute besteht bei mir kein Bedarf nach so etwas«, sagte sie, »aber man kann es nie wissen. Wir sind doch Menschen aus Fleisch und Blut!«

Inzwischen war auch ich so abgebrüht, daß ich damit einverstanden war.

Die Liebe mit Alice wurde immer schöner, immer inniger. Immer öfter verbrachte ich die ganze Nacht bei ihr. Sie hat meine Mutter kennengelernt, und ich hatte das sichere Gefühl, daß sich die beiden gut verstanden haben. Mit Alices Vater hatte ich keinen persönlichen Kontakt. Für mich war er der Chef; daß er ihr Vater war, das durfte ich ja offiziell nicht wissen. Doch eines Tages kamen wir uns doch näher:

Ich verbrachte wieder eine Nacht bei meiner Alice. Wir haben uns ausgiebig geliebt, und nach einem guten Fick fühlte sich Alice immer sehr wohl. So haben wir noch eine Weile herumgetollt, bis wir dann schläfrig geworden sind. Es war eine warme Nacht, wir waren beide nackt. Alice legte sich auf den Bauch, ich bettete meinen Kopf auf das schönste Kissen, das je existierte: auf Alices wunderschönen Hintern. Vor dem Einschlafen drehte ich meinen Kopf noch einmal um und drückte einen innigen Kuß auf dieses Kissen.

Ich wurde durch eine männliche Stimme wach: »Alice, Kind, ich bin da. Ich muß dich jetzt sofort haben, ich halte es sonst nicht aus.« Alices Vater, der noch einen Schlüssel zu ihrem Apartment besaß, kam herein. Auf dem Weg durch die lange Diele hat er sich der meisten Kleidungsstücke entledigt. Sein Schwanz war erigiert.

Er knipste das Licht an – und erblickte uns beide auf dem Lager. Wie es sich herausstellte, hatte er einen schweren Tag mit vielen Verhandlungen hinter sich und total vergessen, daß er versprochen hatte, nicht mehr hierher zu kommen. Er stand erstarrt da, als er mich splitternackt auf Alices Lager sah. Alice setzte sich auf und stotterte: »Du wolltest doch nicht mehr hierher kommen!«

Ich erfaßte die Situation. Ich stand auf und sagte: »Sir, wir haben eine Vereinbarung. Ich freue mich, daß Sie da sind. Bitte, teilen Sie das Lager mit uns.«

Ich weiß nicht, woher ich in meiner Jugendlichkeit diese weltmännische Haltung plötzlich hatte, aber es war anscheinend die richtige Reaktion von mir. Der Chef, nachdem er das letzte Kleidungsstück, das er noch in den Händen hatte, zu Boden fallen ließ, trat zu mir und reichte mir die Hand. »Bravo, Mr. Highland. Ich sehe, Sie sind ein Mann von Welt. Ich freue mich, daß Alice Sie gewählt hat.« Dann legte er sich ohne Umschweife neben Alice. Er strich mit seiner Hand über ihren Rücken. »Geht es dir gut, Kind?«

Ich setzte mich neben sie und streichelte Alices Gesicht. »Liebt euch«, sagte ich. Alice zog meinen Kopf zu sich und küßte mich auf den Mund. Dann zog sie den Kopf des Chefs von der anderen Seite zu sich und küßte auch ihn. Ihre Hand fand zu seinem erigierten Schwanz und streichelte ihn.

Alice zog den Mann über sich, spreizte die Beine und führte seinen Schwanz zu ihrer Vagina. Langsam glitt der ansehnliche Prügel in den Mädchenkörper, und der Mann begann, sie zu ficken. Er stützte sich auf seine Arme, um den zarten Mädchenkörper nicht zu belasten, seinen Mund preßte er seitlich auf den Hals des Mädchens und behielt ihn dort bis zu Ende.

Alice legte einen Arm um den Hals ihres Vaters. Ihre andere Hand streckte sie nach mir aus und erfaßte meine Hand. Sie zog sie zu ihrem Gesicht, küßte sie und nahm dann zwei meiner Finger in den Mund und lutschte daran. Auf einen Außenstehenden hätte unsere anfängliche Höflichkeitszeremonie, bei der zwei nackte Männer Floskeln austauschten, während einer von ihnen mit stehendem Pimmel dasteht, wahrscheinlich unheimlich komisch gewirkt. Aber jetzt, drei Körper nebeneinander, zwei davon in der innigsten Umarmung, während der dritte soeben hinzugezogen wurde, hätte bestimmt eine äußerst erotische Wirkung ausgeübt.

Alice bewegte ihren Hintern im Rhythmus, den ihr der fickende Vater diktierte. Der Mann kam schnell zu seinem Höhepunkt. Er begann zu keuchen, und während er seinen Mund noch immer auf Alices Hals gedrückt hielt, bewegte sich sein Arsch immer schneller, bis er dann seinen Schwanz mit einem Aufschrei tief in Alices Fotze drückte. Eine Welle von Zuckungen durchlief seinen Körper, während er ejakulierte. Dann rollte er zur Seite und blieb auf dem Rücken liegen.

Alice, die meine Hand immer noch festhielt, zog mich jetzt über sich. Sie bot mir ihren Mund an und führte meinen Schwanz zu ihrem Loch. Ich, durch den Anblick des fickenden Paares erhitzt, schob ihn ohne zu Zögern tief in sie rein. Alices Fotze war heiß und schlüpfrig, die Wände ihrer Scheide umhüllten meinen Schwanz. Wir fickten und küßten uns. Dann kam auch bei mir sehr lustvoll der Erguß. Als wir dann aufblickten, war Alices Vater schon verschwunden.

Zwei Monate später haben wir von Alices Vater eine elegante, komplett eingerichtete Wohnung bekommen, und wir haben unsere Hochzeit vorbereitet. Zuvor ist aber etwas vorgekommen: Fred, Mutters Gatte, wurde für sechs Wochen zu einer Schulung geschickt. In dieser Zeit hat mich Mutter fast jeden Tag in ihr Bett genommen. Wir liebten uns mindestens dreißigmal in dieser Zeit. Es war schon fast eine Höchstleistung, weil ich meine Pflichten inzwischen auch bei Alice regelmäßig mit einer kurzen Unterbrechung von fünf Tagen verrichtete, in denen sie mit ihrem Vater zu einem Kongreß verreist war. Nur meine Kondition und meine eiserne Gesundheit machten dies ohne sichtbare oder spürbare Folgen möglich.

Und dazu muß ich noch erwähnen, daß während dieser Zeit meine intime Beziehungen sowohl zu meiner Mutter als auch zu Alice besonders intensiv waren. Das heißt, ich fickte beide sehr leidenschaftlich und voller Hingabe.

Kurz bevor ich mit Alice in die neue Wohnung eingezogen war, teilte mir meine Mutter mit, daß sie schwanger ist. Als sie an unserer Hochzeit, die wir in einem vornehmen Hotel hielten, teilgenommen hatten, war an ihrer Figur noch nichts zu sehen. Sie verabschiedete uns mit vielen Küssen und Umarmungen.

Sie hat Alice sehr in ihr Herz geschlossen, vielleicht eben deshalb, weil bei ihr eine gleiche familiäre Situation bestand wie bei mir. »Ihr seid füreinander geschaffen«, sagte Mutter immer.

Als wir von der sechswöchigen Hochzeitsreise zurückkehrten, war Mutters Bauch schon zu sehen. Er war noch nicht sehr groß, aber sie wurde vorne schön rundlich. Sie gefiel mir so sehr, daß ich sie in der ersten halben Stunde nach dem Wiedersehen ins Bett führte. Ich mußte sie einfach ficken.

Sie lag auf dem Rücken, die Wölbung ihres nackten Bauches war entzückend. Ich küßte ihren Bauch, legte mein Ohr darauf und horchte. »Hallo, Brüderchen oder Schwesterchen«, sagte ich und habe wirklich sehr zärtliche Liebe zu dem kleinen Lebewesen empfunden, das im Bäuchlein meiner Mutter lag.

Mutter war gerührt. »Wirst du sie lieben?« fragte sie. »Es wird ein Mädchen werden, die Ärzte haben es schon durch Ultraschall festgestellt.«

»Ich werde sie sehr lieben, Mama«, sagte ich. »Ich liebe sie jetzt schon. Sie ist ja von dir!«

»Und von dir« sagte Mama.

»Was sagst du da?« fragte ich.

»Ja«, sagte Mutter, »das ist deine Tochter.«

Ich dachte, die Welt bricht über mir zusammen. »Das ist doch nicht möglich«, sagte ich, »und das kannst du auch nicht wissen!«

»Doch, mein Liebling. Du weißt, ich nahm immer die Pille. Als Fred für sechs Wochen zur Schulung verreist war, setzte ich die Pille ab, und in dieser Zeit schlief ich fast jeden Tag mit dir. Ich wollte unbedingt ein Kind von dir haben, ein Mädchen.«

»Aber warum, Mutter?«

»Mein Liebling, ich liebe dich. Und nur dich. Ich bin in dich nach wie vor so verliebt wie an dem Tag, als du mich zum ersten Mal genommen hast. Und ich will ein Kind von dem Mann haben, den ich liebe. Ich liebte deinen Vater, und ich habe von ihm ein Kind bekommen. Jetzt liebe ich dich, und ich werde von dir ein Kind bekommen. Fred wird glauben, es ist sein Kind. Lassen wir ihn in diesem Glauben. Er wird unserer Tochter ein guter Vater sein. Aber du mußt ihr Beschützer sein, du mußt auf sie aufpassen. Und ich will, daß wenn sie soweit ist, du sie in die Liebe einführen wirst. Du sollst ihr die Lust der ersten Vereinigung schenken, weil ich weiß, daß niemand ihr so sanft, so liebevoll und so zärtlich ihre Jungfernschaft nimmt, wie du es tun wirst. Das mußt du mir versprechen.«

Ich war gerührt. »Ich verspreche es dir, Mutter«, sagte ich und umarmte sie zärtlich. »Dann komm und fick jetzt deine überglückliche Mama. Dein Töchterchen wird uns dabei belauschen.«

Nachdem wir dann ermattet nebeneinander lagen, dachte ich nach, und mir fiel ein, was für komplizierte Familienverhältnisse dadurch entstanden sind, weil ich meiner geliebten Mutter ein Kind gemacht habe. Das sagte ich Mutter auch: »Mama, du hast jetzt ein Kind im Bauch, das deine Tochter, aber gleichzeitig deine Enkelin ist; und sie ist gleichzeitig meine Tochter und meine Schwester. Verrückt, was?«

Mutter lachte: »Das macht nichts. Hauptsache, daß

wir sie haben.« Und nach einer Weile fügte sie noch hinzu: »Und wenn du ihr mal ein Kind machst, wird die Sache noch komplizierter. Aber dann wäre das eine wunderschöne Sache der Liebe. Die Liebe zwischen deinem Vater und mir lebt in der Liebe zwischen uns beiden weiter. Und wenn sie sich fortpflanzt und zwischen dir und deiner Tochter entflammt, dann mach ihr einen Sohn, der sie mit der gleichen Liebe ficken wird wie du mich. Ah, wäre das doch eine wunderschöne Sache!«

Es vergingen etwa vier Monate. Mutter schob schon ein ganz beachtliches Bäuchlein vor sich her. Eines Abends hat uns Alices Vater besucht. Alice hat ein schönes Abendessen vorbereitet, und wir saßen nach dem Essen zu dritt bei Tisch. Ich habe Alices Vater bis dahin nur mit ‚Chef' oder ‚Sir' angesprochen, er war doch mein Brötchengeber. Doch an diesem Abend sagte er zu mir: »Ben, ich möchte, daß du mich demnächst im privaten Rahmen mit dem Vornamen ‚William' oder ‚Bill' ansprichst. Ich bin überzeugt, daß du ein guter Mann für meine Tochter bist; denn Alice ist meine leibliche Tochter, ich bin überzeugt, daß sie es dir schon verraten hat. Ich kenne auch dein Verhältnis zu deiner Mutter, und ich kritisiere es nicht. Ganz im Gegenteil, ich finde es toll. Bitte, komm morgen vormittag in mein Büro, ich habe dir etwas Wichtiges mitzuteilen. Und jetzt Kinder, muß ich gehen.«

Ich faßte ihn an den Arm: »Bitte, Bill, bleib. Schlaf diese Nacht bei uns, mit uns zusammen.«

»Zu dritt?« fragte Bill.

»Ja, zu dritt. Ich glaube, auch Alice will es.«

So geschah es auch. Wir schliefen zu dritt zusammen in einem Bett, und wir haben Alice abwechselnd gefickt. Sie war aus dem Häuschen, ich habe sie noch nie so geil gesehen. Es war eine aufregende Nacht.

Am nächsten Tag meldete ich mich beim Chef. Es war jemand bei ihm, so habe ich ihn mit ‚Sir' angesprochen. Als der Besucher ging, bot er mir einen Platz an und schenkte zwei Cognac ein.

»Ben, ich bin langsam müde geworden. Ich muß leiser treten, der Arzt sagte mir, daß, wenn ich weiter so arbeite, mir ein Herzinfarkt sicher ist. Ich brauche einen Stellvertreter und habe an dich gedacht. Ich ernenne dich zum Direktor. Du bekommst ein schönes Büro, einen Dienstwagen und eine Sekretärin. Ich behalte meine«, sagte er schmunzelnd.

Ich dankte ihm für sein Vertrauen und wollte gehen, doch er hielt mich zurück.

»Ich hätte mit dir noch etwas zu besprechen. Aber das ist sehr vertraulich.«

»Du kennst meine Frau. Ich glaube, Alice hat dir schon von ihr erzählt. Sie ist zwar etwas älter als ich, aber sie hat immer noch eine gute Figur. Ich glaube, ich verrate dir kein Geheimnis, wenn ich sage, daß sie aus einer sehr reichen Familie stammt und ich diesen Betrieb mit ihrem Geld auf die Beine gestellt habe. Sie hat mich zu dem gemacht, was ich heute bin, und dafür bin ich ihr auch dankbar. Daß in unserer Ehe nicht alles stimmst, das kannst du dir denken. Wir schlafen kaum miteinander, und sie hat die Sache mit

Alice erfahren, was ihr schwer im Magen liegt. Sie hat dafür verlangt, daß auch sie sich Liebhaber leisten darf, dem ich natürlich zustimmte, schon, um mich dadurch zu entlasten. Nun, sie hat dich bei eurer Hochzeit kennengelernt, und sie hat ein Auge auf dich geworfen. Sie quält mich nun, ich soll dich zu uns einladen, und zwar öfter. Ich weiß, sie möchte deine Besuche ohne Alice. Ich glaube, wir können offen miteinander reden. Sie wird nicht eher Ruhe geben, bis sie von dir einmal richtig durchgefickt wird. Es würde dumm klingen, wenn ich jetzt sagen würde, daß ich dir meine Frau überlasse, weil auch du mir den Zugang zu deiner Frau ermöglichst. Das sind zwei verschiedene paar Stiefel. Ich will nur sagen, daß du mir einen großen Gefallen tun würdest, wenn du sie das eine oder andere Mal besuchen würdest.«

»Ja«, machte ich den Mund auf, »aber Alice? Was würde sie dazu sagen?«

»Darüber mach du dir keine Sorgen. Ich habe mit ihr darüber gesprochen, sie hätte nichts dagegen, besonders, weil das meine Nerven sehr entlasten würde. Sie weiß, daß du regelmäßig nicht nur mit deiner Mutter verkehrst, sondern als guter Samariter (hier wurde seine Stimme ironisch) auch einer älteren Dame das Leben ab und zu versüßt. Deshalb denke ich, daß dir das Alter meiner Frau nichts ausmacht; vielleicht stehst du sogar auf ältere Damen.«

»Ja, wenn Alice damit einverstanden ist, mache ich's.«

»Da wäre noch etwas«, fuhr mein Schwiegerpapa fort, und ich merkte, daß er sich nicht sicher war, ob er das aussprechen soll, was er dachte. Doch dann sagte er: »Ich habe deine Mutter bei deiner Hochzeit kennengelernt. Sag mal, ist sie glücklich mit ihrem Mann? Bitte, versteh mich nicht falsch, aber ihr habt doch ein Verhältnis, und ich nehme an, ihr Mann weiß nichts davon; da – glaube ich – kann die Liebe nicht so groß sein.«

»Weißt du, Bill«, habe ich ihm die Sache erklärt, »es ist so: Zwischen meiner Mutter und mir herrscht eine große Liebe. Genauso wie zwischen dir und Alice. Auf diese ganz, ganz wunderbare Liebe möchten und können wir genauso wenig verzichten wie du und Alice auf eure Zuneigung. Deshalb können wir das jeweilige Zusammenhörigkeitsgefühl des anderen verstehen und – tolerieren. Doch meine Mutter hat ihr eigenes Leben, genauso wie du auch. Da ich jetzt mit Alice zusammenlebe, kann ich ihr nicht mehr soviel Zuwendung bieten wie früher. Deshalb braucht auch sie jemanden, der ihr im Alltag beisteht und ihr sexuelle Erfüllung geben kann. Sie schätzt ihn und vielleicht liebt sie ihn auch in gewisser Weise, aber ihre Liebe, ihr Herz gehört nur mir.«

»Ich finde sie sehr attraktiv, ja, sehr schön«, sagte Bill. »Und jetzt, da sie schwanger ist, bitte, sei mir nicht böse, ich will dir nicht zu nahe treten, aber sie übt auf mich eine gewisse Anziehungskraft aus. Besonders, weil ich noch nie mit einer schwangeren Frau geschlafen habe. Macht sie die Schwangerschaft nicht kühler dem Sex gegenüber?«

»Ich kann dir versichern, Bill, sie macht sie erotisch noch geladener. Sie ist jetzt besonders supergeil.«

»Hm, da möchte ich nichts dazu sagen!«

»Brauchst du auch nicht. Aber ich werde mit ihr reden. Versprechen kann ich nichts, aber ich würde es dir gönnen ...«

»Ich wußte, daß du mich nicht enttäuschen wirst. Du wirst es nicht bereuen«, sagte Bill und gab mir die Hand zum Abschied.

Am selben Abend lag ich mit Alice im Bett. Sie war an diesem Tag sehr aufgekratzt, und bereits beim Abendessen griff sie mir immer wieder in den Schritt. Ich legte die Gabel nieder, drehte meinen Stuhl zu ihr und griff ihr unter den Rock. Als ich meine Hand über ihr Döschen legte, drückte sie mir dieses entgegen, und ich spürte, daß ihr Höschen völlig durchnäßt war. Es war offensichtlich, daß sie durch irgend etwas aufgegeilt wurde.

»Ist was Besonderes passiert, mein Schatz?« fragte ich sie.

»Eigentlich nichts«, hauchte sie und drückte meine Hand zwischen ihre Beine, »sozusagen nichts.«

»Dann erzähl mal von diesem Nichts«, forderte ich sie auf, aber sie sagte: »Komm, gehen wir zuerst zu Bett.« Ich befreite sie sehr schnell aus ihren Kleidern, während sie sich damit abmühte, meine Hose aufzuknöpfen. Dann war auch ich nackt, und ich schob sie zum Bett, auf dem sie sich mir breitbeinig anbot. Ich legte mich auf sie, sie führte meinen Schwanz, der schon sehr hart war, in ihre Fotze. Langsam schob ich meinen Schwanz in ihrer klitschnassen Scheide hin und her, rein und raus.

»Erzähl mal, du kleines Luder, mit wem hast du es

getrieben, daß du so aufgekratzt bist?«

»Es war im Grunde nichts, ich weiß nicht, wie es mich so sehr erregen konnte«, begann Alice ihre Erzählung, sich ständig durch Stöhnen unterbrechend. »Heute vormittag fuhr ich einmal nach unten in den Keller, um für Vater eine alte, dort abgelegte Akte zu holen. Auf dem Rückweg stieg im Erdgeschoß ein eleganter Mann in den Aufzug. Nur wir zwei waren in der Kabine, er stand hinter mir. Dann griff er plötzlich zum Schalter und hielt den Aufzug an, so daß er zwischen zwei Etagen stehenblieb. Zuerst erschrak ich und blieb wie gelähmt stehen. Ich hätte keinen Ton herausbringen können. Ich spürte nur, daß der Mann meinen Arsch mit einer Hand umklammerte. Er griff mir nicht unter den Rock, sondern ergriff meinen Arsch. Seine Hand griff direkt in meine Arschspalte, seine Finger sanken zwischen meine Schenkel, und er drückte seine Fingerspitzen auf meine Fotze. Er machte nichts anderes; er knetete mit einer Hand meinen Arsch und meine Fotze. Dieser stumme Angriff erregte mich maßlos. Ich war zu keiner Bewegung fähig, stand nur da und ließ alles mit mir geschehen.«

»Was hat er dann mit dir gemacht?« fragte ich, und ich erwartete eine geile Geschichte.

Doch Alice sagte: »Nichts! Er hat sonst nichts gemacht, nur in meinem Arsch und in meiner Fotze gewühlt. Das ganze dauerte nicht länger als zwei Minuten, aber ich bekam dabei einen Orgasmus.«

»Und dann?« Meine Erregung stieg.

»Dann nichts«, erwiderte Alice. »Er schaltete den

Lift wieder ein und bei der nächsten Etage stieg er wortlos aus.«

»Hättest du dich von ihm ficken lassen, wenn er das gewollt hätte?« wollte ich wissen.

»Ich glaube, ja. Er übte auf mich eine fast magische Wirkung aus. Ich wäre nicht fähig gewesen, mich zu wehren, ich hätte auch keine Lust dazu gehabt.«

»Und dann?«

»Dann ging ich zu Vater, brachte ihm die Akte. Ich sagte ihm, ich bin sehr geil, ich muß es sofort mit ihm machen. Er freute sich. Er holte so im Sitzen seinen Schwanz heraus, und ich setzte mich darauf. Aber kaum hatte ich ihn in mir gefühlt, hörten wir durch die Anlage, daß jemand das Vorzimmer betrat. Und es klopfte schon an der Tür. Ich hatte kaum Zeit, aufzuspringen und mein Kleid nach unten zu streifen. Mein Höschen blieb an meinen Knien hängen, zum Glück hatte ich ein ziemlich langes Kleid an. Die Buchhalterin trat ein und wollte etwas mit Vater besprechen. Vater sagte ihr, sie soll sich setzen. Wenn sie nur näher getreten wäre, hätte sie sehen können, daß Vaters stehender Schwanz noch immer aus seiner Hose ragte. Du, ich sage dir, das wäre ungeheuer komisch gewesen, wenn ich nicht so unheimlich geil gewesen wäre. Ich konnte kaum erwarten, daß die Kuh aus dem Zimmer verschwindet, und wollte mich wieder auf Vaters Schwanz setzen, da ging das Telefon, und der Empfang meldete, daß die japanischen Geschäftsfreunde angekommen und schon nach oben unterwegs sind. Du kannst dir vorstellen, wie ich mich während der ganzen Verhandlung fühlte. Ich mußte die kühle Sekretärin spielen. Und gleich nach der Verhandlung mußte Vater mit den Schlitzaugen weg. So, das war's. Jetzt weißt du, warum ich so geil bin.«

Ich beschleunigte meine Stöße: »Ich treibe dir deine Geilheit aus, mein Engel«. Es war aber nicht ganz einfach. Ich mußte mich lange zurückhalten, bevor ich meinen Samen losspritzte, damit Alice mehrere Orgasmen erleben konnte. Als sie endlich mit einem Aufschrei ihren letzten Abgang hinter sich hatte, lagen wir ermüdet nebeneinander. Alice hat sich nicht einmal die Mühe gemacht, ihre Beine auszustrecken oder zu schließen; sie lag breitbeinig da, meine Hand kraulte sanft in ihrem seidigen Schamhaar.

»Du, Schatz, ich habe dir auch was zu sagen«, sprach ich sie dann an. »Dein Vater hat zwei Wünsche. Erstens möchte er, daß ich sein ihm anvertrautes Eheweib ordentlich durchficke, zweitens möchte er gerne mit meiner Mutter ficken. Nun, mein Dilemma ist folgendes: Ich weiß nicht, ob dich das nicht stören würde, wenn ich seine Frau ficke, und zweitens, wie ich das auf elegante und feine Arte einrichten kann, daß er zu meiner Mutter ins Bett kommt.«

»Das erste stört mich nicht, Schatz«, sagte Alice. »Du kannst seine Alte ruhig bumsen. Aber hast du schon mit deiner Mutter darüber gesprochen?«

»Nein, noch nicht.«

»Nun, das wär' das erste, was du tun mußt. Alles andere läßt sich arrangieren. Wir laden die beiden zu uns ein, lassen sie viel Alkohol trinken und beginnen, miteinander zu spielen. Ich glaube, das wird sie geil genug machen, um es uns nachzumachen.«

»Du bist ein Genie, Alice«, sagte ich, »ich möchte jetzt deine Möse küssen.«

»Das kannst du, aber nur kurz, ich möchte deinen Pimmel darin haben. Ich bin wieder geil geworden.«

Anne hat mir geholfen, mit Mutter ungestört sprechen zu können. Ich ging direkt zu ihr und bat sie, mir zu helfen. Sie hatte viel Verständnis. Sie ging sofort zu Mutter rüber und bat sie, die Nacht bei ihr im Haus zu verbringen, weil sie sich sehr unwohl fühlte und jemanden bei sich haben möchte, der einen Arzt rufen kann. Fred war einverstanden (ich glaube, er hat ein Auge auf Anne geworfen), so kam Mutter mit Anne rüber. Sie starrte mich nur überrascht an, als sie mich da erblickte. Sie dachte, Anne ginge es wirklich schlecht. Anne, die liebe, treue Anne überließ uns ihr Schlafzimmer; sie hat sich im Wohnzimmer auf der Couch ein Nachtlager gemacht.

»Laß auch mir etwas übrig«, flüsterte sie noch im Weggehen Mutter zu, aber so, daß auch ich es hören konnte. Dann war ich mit Mama allein.

Sie fiel mir um den Hals, und ich hob ihren Rock in die Höhe, während ich sie umarmte und sich unsere Lippen trafen. Auch ihre Hand fand schnell den Gegenstand ihrer Begierde. Unter tausend Küssen haben wir uns gegenseitig entkleidet, wobei ich auch jeden Fleck ihres Körpers, den ich eben freigelegt hatte, mit meinen Küssen bedeckte.

Wir haben schon seit etwa zwei Wochen nicht mehr miteinander geschlafen. Mutters Hand streichelte mein erigiertes Glied, und führte es zu der Öffnung, aus der es entsprang und in die es immer zurückzukehren begehrte. Ich kann das Gefühl nicht beschreiben; niemand kann es verstehen, der noch nie mit seiner innig geliebten Mutter ein Liebesverhältnis hatte, wie glückselig es ist, den mütterlichen Schoß mit seinem Penis in Besitz zu nehmen.

Wir fickten, wie sich zwei Ertrinkende aneinander klammern; mit Armen und Beinen fest umschlungen, Mund an Mund, alles zusammen, nur der Kolben in der mütterlichen Fotze bewegt sich gegen diese. Die Lust füllt den ganzen Körper, und wenn sie sich entlädt, geschieht dies in einem Aufschrei, der mit dem Urschrei sehr nahe verwandt ist.

Nachdem meine Säfte in Strömen in die Scheide meiner Mutter geflossen waren, lagen wir eine Zeitlang wortlos nebeneinander und horchten unserem Herzschlag. Ich streichelte ihren kugelförmigen Bauch. Es war ein wunderbares Gefühl den schwangeren Bauch meiner Mutter zu fühlen. Es war fast so schön wie ficken. Dann führten wir unter ständigen Liebkosungen ein Gespräch über alles, was in den letzten Tagen geschehen war. Es war ein äußerst beglückendes Gefühl, in den Armen meiner Mutter zu liegen, während sich unsere nackten Körper berührten. Vielleicht war dieses Gefühl für uns beide mit dem vergleichbar, als ich direkt nach meiner Geburt auf die nackte Brust meiner Mutter gelegt wurde.

Mutter fragte nach Alice, nach meiner Arbeit, und auch nach meinem Schwiegervater.

»Er möchte dich ficken«, schlüpfte es mir raus.

Mutter setzte sich im Bett auf: »Was redest du da?«

Ich erzählte ihr, was sich abgespielt hatte. Mutter schwieg eine Zeitlang, dann sagte sie: »Kommt nicht in Frage. Ich brauche das nicht, ich habe dich!« Dann, einige Sekunden später, sagte sie noch: »Und ich bin verheiratet«. Das klang so (und war Musik in meinen Ohren), daß ich für sie der wichtigste war; daß sie auch einen Mann hatte, schien für sie eher zweitrangig gewesen zu sein.

Ich dachte eben darüber nach, wie ich es Bill schonend beibringen werde, da hörte ich Mutter sagen: »Ich will nicht sagen, daß er schlecht aussieht. Er ist wirklich sehr attraktiv. Aber ich habe ihn bisher noch nie als potentiellen sexuellen Partner betrachtet.«

‚Aha', dachte ich, ‚bisher nicht. Jetzt aber beginnst du, darüber nachzudenken.' Laut sagte ich aber: »Ich will dir nichts aufzwingen. Ich habe dir nur erzählt, wie die Sache ist. Trotzdem denke ich, du könntest uns einmal besuchen, dann laden wir auch Bill ein. Das verpflichtet zu nichts, aber es kann nicht schaden, wenn die Familie ein bißchen zusammenwächst, wenn eine Freundschaft entsteht, auch ohne sexuelle Kontakte.« Daß ich nur sie einladen will, ohne Fred, darüber hatte ich kein Wort verschwendet.

Mutter sagte nur: »Ich weiß nicht recht. Im Moment kann ich darüber auch nicht nachdenken.« Und das glaubte ich ihr, denn sie hielt schon wieder meinen Schwanz in ihrer Hand, und wir haben einen neuen Liebeskampf miteinander ausgetragen.

Dann sagte ich ihr: »Geh jetzt rüber zu Fred, sag ihm, daß es Anne besser geht. Ich laufe nach Hause, ich habe in den Eiern noch etwas für Alice übrig.«

Es war ein glücklicher Zufall, daß Fred nach einiger Zeit für drei Tage verreisen mußte. Er sollte in der Zentrale der Firma, die ihren Sitz in einer anderen Stadt hatte, Bericht erstatten und die Planung für die nächsten beiden Quartale besprechen. Für den Abend seiner Abreise haben Alice und ich Mutter und Bill zum Abendessen eingeladen.

Das Essen war hervorragend, dank der Bemühungen von Alice und der Lieferung der Feinkostfirma. Da zu jedem Gang der passende Wein gereicht wurde, stieg die Stimmung dementsprechend. Bill erwies sich als ein brillanter Unterhalter, und das Glänzen in den Augen meiner Mutter verriet, daß auch sie sich sehr wohl fühlte. Als Alice einmal in die Küche ging, um etwas zu holen, und ich ihr folgte, um ihr unter den Rock zu greifen, sagte sie: »Ich glaube, die beiden sind schon scharf wie eine Rasierklinge. Was sollen wir nun machen?«

Ich antwortete: »Wir sollten einfach losficken. Das gute Beispiel findet wahrscheinlich Nachahmer.«

»Du bist doof«, lachte Alice, und wir kehrten in das Zimmer zurück.

Wir fanden Mutter und Bill in lebhafter Unterhaltung. Beide waren sehr aufgekratzt und schienen uns nicht mehr wahrzunehmen. Nur ab und zu warfen sie uns einen verstohlenen Blick zu, um zu sehen, ob wir sie beobachteten. Das taten wir aber nicht, zumindest dem Anschein nach nicht. Alice legte eine Platte auf, und die leise, romantische Musik füllte den Raum. Alice und ich saßen dicht aneinandergeschmiegt auf der Couch; uns genau gegenüber saßen Mutter und

Bill auf einer ebensolchen Couch. Der niedrige Couchtisch, der zwischen uns stand, ließ uns freie Sicht auf die beiden Eltern. Mir ist aufgefallen, daß Mutter ihre Knie mal zusammendrückte und mal ein wenig spreizte, was bei ihr immer ein Zeichen von Spannung war. Sie redeten leise miteinander. Wegen der Musik konnten wir ihre Worte nicht verstehen. Bill gestikulierte mit seinen Händen und legte seine Hand dabei oft auf Mutters Hand. Ja, einmal sogar auch auf Mutters Schenkel; zwar nur für eine Sekunde, etwa um seinen Worten Nachdruck zu verleihen, doch ich sah das Zucken meiner Mutter.

Alice und ich tauschten kleine Küßchen aus, wobei sich zuerst nur unsere Lippen berührten, doch dann kamen auch unsere Zungen immer öfter ins Spiel. Meine Hand glitt zu Alices Brüsten, die ich durch das Kleid sanft zu streicheln begann.

Bald wanderte auch Alices Hand auf meinen Schenkel, von da führte ihr Weg aber direkt auf die Beule in meiner Hose. Dieser Griff war zwar nicht provokativ, aber auch nicht zu übersehen.

Die beiden uns gegenüber blickten immer häufiger zu uns rüber, was wir mit halbgeschlossenen Augen registrierten. Auch Bills Hand blieb nun längere Zeit an Mutters Schenkel liegen, ja, diesmal sogar etwas höher, weiter vom Knie entfernt, näher dem Punkt, nach dem er sich sehnte.

Alice und ich verspürten keine Scham. Wir beide haben ein offenes sexuelles Verhältnis zum jeweiligem Elternteil gehabt, warum sollten wir uns also schämen? So wurde Alices Busen sehr bald freigelegt, und ich küßte diesen weißen, elastischen Hügel. Bills Hose beulte sich sichtbar aus, und Mutters Hand lag plötzlich auf dieser Beule.

Ich gab Alice einen Wink, und wir verschwanden im Schlafzimmer. Wir zogen uns völlig aus, und als wir dann ganz nackt waren, öffneten wir die Tür einen Spalt und spähten in das Wohnzimmer. Dort hatte sich die Szene inzwischen verändert. Mutters Bluse war offen, aber Bill spielte nicht mit ihrem bloßgelegten Busen. Seine Hand lag auf dem kugelförmigen Bauch meiner Mutter, und es war für ihn ein sehr geiles Gefühl, den Bauch einer schwangeren Frau zu befühlen. Mutters Hand umklammerte Bills Schwanz, der aus der Hose steil nach oben ragte.

Wir zogen uns etwas zurück und wollten uns lieben, doch die Neugierde ließ uns keine Ruhe; wir schauten wieder durch den Türspalt. Diesmal lag nur noch Mutters Höschen auf der Couch. Sie selbst lag auf dem Teppich und zwischen ihren gespreizten Schenkeln bewegte sich Bill mit heruntergelassener Hose auf und ab. Alice hielt sich an meinem stehenden Schwanz fest, und so verfolgten wir das Schauspiel. Bald hörte ich Mutters heftiges Stöhnen, das bei ihr den sich nähernden Orgasmus ankündete, und auch Bill schoß seinen Samen ziemlich schnell ab, wonach er über Mutters Leib zusammensackte.

Alice rief in das Wohnzimmer: »Hallo Leute! Wäre das nicht schöner im Bett? Kommt doch rein!« Und die beiden standen tatsächlich vom Boden auf, kamen herein und legten sich auf das Bett. Alice und ich legten uns neben die beiden, und ungeachtet ihrer Anwesenheit versenkte ich meinen Schwanz in Alices wartende Möse. Ihre Anwesenheit gab der Sache einige Würze, wodurch unsere Erregung – und auch unsere Lust – nur noch mehr zunahm.

Bald wälzte sich auch Bill erneut über meine Mutter und begann, sie zu ficken. Die Brunftschreie von vier Menschen füllten den Raum. Nachdem ich meinen Samen in Alices enge Röhre gespritzt hatte, dauerte es nicht mehr lange, bis auch Bill sich entlud.

Alice stand auf und holte uns die gefüllten Sektgläser zur Erfrischung. Einige Zeit herrschte Stille, dann fragte mich Bill: »Wollen wir nicht tauschen?« Ich nickte zustimmend, und wir Männer tauschten unsere Plätze. Kurze Zeit später pumpte Bill mit seinem Schwanz in Alices Döschen, während ich meine Mama fickte. Dann lag ich nur neben ihr, mit meinem Ohr an ihrem Bauch und lauschte. Ich wußte, daß in diesem gewölbten Bauch ein winziges Leben war. Und ich verspürte unendliche Zärtlichkeit und Liebe für dieses winzige Wesen da drin, denn es war ein Teil meiner Mutter. Es war eine genußvolle Nacht. Lange haben wir vier noch die Nähe und die Körperwärme des anderen genossen, bis sich Bill dann anzog und ging. Ich fickte dann Alice noch einmal; dabei spielte ich mit einer Hand an Mutters Fotze, während sie meine Eier streichelte.

Ich wurde – als neuer Direktor der Firma – bei meinem Chef zu einem Abenddiner eingeladen. Wir waren nur zu dritt: Mein Chef, seine Frau Corinna und ich. Ich muß zugeben, der Prunk seines Hauses war überwältigend. Bedienstete beiderlei Geschlechts servierten alle möglichen Köstlichkeiten und bereiteten eine üppige Tafel vor. Bereits als Abteilungsleiter der Firma hatte ich an etlichen Banketten teilgenommen, doch was hier geboten wurde, übertraf alles.

Corinna war etwa dreißig Jahre älter als ich. Gewiß, meine Mutter war auch älter, doch der Unterschied zwischen uns beiden betrug nur siebzehn Jahre. Corinna war wesentlich älter, und das sah man ihr auch an. Nicht, daß mich das gestört hätte. Kathy, meine liebe, alte dicke Freundin, die ich in der letzten Zeit sträflich vernachlässigt hatte, war auch so alt, doch ihre Leibesfülle verhinderte das Bilden von Runzeln im Gesicht und am Körper. Corinna war schlank, und man sah die Streifen der Zeit in ihrem Gesicht.

Trotzdem war sie nicht unattraktiv. Ihr Gesicht hatte gleichmäßige, ja klassische Züge. Ihre tiefliegenden Augen strahlten Sehnsucht aus, ihr Mund war voll, und sie fuhr oft mit ihrer Zunge über ihre Lippen. Ihre Gestalt war hochgeschossen, gerade, ihre nicht zu kleinen, aber auch nicht zu großen Brüste zeichneten sich unter der silberfarbenen Seide ihres Kleides ab. Als sie durch den Saal ging, konnte ich von hinten ihre kleinen, aber runden Arschbacken unter dem langen Abendkleid erahnen.

Das Essen verlief mit viel Unterhaltung. Bill vermied alles, was mit dem Betrieb zusammenhing, und ich mußte feststellen, daß er ein galanter und unterhaltsamer Gastgeber war.

Nachdem noch Kaffee und Cognac im kleinen Salon serviert wurden, kam der fingierte Telefonanruf.

Bill hörte dem Anrufer zu, dann sagte er mit gespieltem Bedauern: »Meine Lieben, es war ein dringender Anruf. Ich muß sofort zum Flugplatz, meine Privatmaschine ist aufgetankt. Ich muß unbedingt nach Boston fliegen, um in unserer dortigen Filiale nach dem Rechten zu schauen. Es sollen Unregelmäßigkeiten aufgetreten sein.«

»Ich kann leider frühestens morgen abend zurück sein. Ben, bleib noch, ich möchte meine Frau nicht deiner Gesellschaft berauben. Wenn du gehen willst, steht ein Wagen vor der Tür, hier ist der Schlüssel. Aber solltest du wegen dem Alkohol nicht fahren können, haben wir hier auch Gästezimmer. Um Alice brauchst du dich nicht zu sorgen, ich nehme sie mit; ohne Sekretärin bin ich wie gelähmt.«

Bill war gegangen, und Corinna entließ das Personal; heute wurde es nicht mehr gebraucht.

Da saß ich nun mit Corinna. Ich bin wirklich nicht auf den Mund gefallen, doch ich fand die Situation irgendwie gespannt. Ich fürchtete, nicht die richtigen Worte zu finden. Ich konnte schlecht sagen: »Schau mal Corinna, du willst ficken, dein Mann will, daß ich dich ficke, und ich möchte dies auch, also sollten wir gleich damit anfangen«. Es handelte sich doch um eine Dame der besseren Gesellschaft, und ich zweifle nicht, daß sie mich nach einer solchen Ansprache im hohen Bogen rausgeschmissen hätte.

Doch es war klar, daß ihr Döschen, ihr vernachlässigtes Döschen, juckte und daß sie von mir die Beseitigung dieses Juckreizes erwartete. Mir war nur nicht klar, wer von uns zuerst die Sprache auf das Thema bringen sollte, das eigentlich – wie wir beide wußten – der einzige Zweck meines Besuches war.

Ich überlegte fiebrig, dann dachte ich, die beste Verteidigung ist der Angriff. Wer nicht weiß, wie er sich ausdrücken soll, verfährt am besten, wenn er gleich seine Gedanken offenlegt. So begann ich die Attacke: »Corinna, nun sitzen wir zwei da, und ich wette, daß jeder von uns gerne wissen möchte, was sich im Gehirn des anderen abspielt; welche Gedanken, welche Absichten da herumschwirren. Wäre es nicht am einfachsten und am ehrlichsten, wenn wir alles klar aussprechen würden?«

»Was beschäftigt Ihre Gedanken?« wich Corinna geschickt meiner Attacke aus, indem sie mir den Ball zuspielte. Da wagte ich, ins kalte Wasser zu springen: »Ich denke nach, wie wohl ihre Brüste ohne Kleider aussehen.«

Corinna war keine unerfahrene Jungfrau mehr, sie errötete bei diesen direkten Worten trotzdem. Doch sie konnte parieren: »Das könnten Sie nur erfahren, wenn Sie nachsehen.«

Sie saß neben mir auf dem Sofa. Ich berührte ihre Brustwarze mit einem Finger; sie fühlte sich weich und trotzdem elastisch an. »Ich glaube, sie sind fest und schön. Und ich glaube, daß sie auch empfindlich sind.«

»Ja, das stimmt«, sagte Corinna, ohne mir aber im Fortfahren weiterzuhelfen.

»Dann möchte ich mich davon auch selbst überzeugen«, sagte ich und knöpfte den ersten Knopf ihres Kleides auf. Dieser Knopf befand sich aber nicht vorne, sondern auf ihrem Rücken. Nach dem ersten wurde auch der zweite geöffnet, dann der dritte, ohne daß ich auf Widerstand gestoßen wäre. Das ermutigte mich, zwei weitere Knöpfe zu öffnen. Das Kleid fiel, und ich half Corinna, ihre Arme aus dem Kleid herauszuziehen. Ihr Kleid fiel jetzt auf ihren Schoß; sie saß nun mit nacktem, nur mit einem Mieder bekleidetem Oberkörper vor mir.

Mir fiel auf, wie weiß ihre Schultern waren. »Corinna, Ihre Schultern sind weiß wie frischgefallener Schnee. Ich möchte sie gerne küssen. Darf ich?«

»Wenn Sie so poetisch fragen, dann dürfen Sie«, erwiderte Corinna.

Ich drückte meinen Mund auf ihre Schulter. In meine Nase stieg ein schöner Frauengeruch. Mein Mund zeichnete die Linie ihrer Schulter nach, verschob sich nach oben, und schließlich landeten meine Lippen auf ihrem Ohrläppchen. Sie erschauerte.

Ich ließ meinen Händen die Freiheit und erkundete ihre Brust, die ich leicht aus dem Büstenhalter schälte. Mein Mund erreichte jetzt Corinnas Mund. Corinna ließ sich mit geschlossenen Lippen küssen. Dann, wahrscheinlich durch die Wirkung meiner Hand, die jetzt ihren Busen knetete und die Brustwarze streichelte, öffneten sich ihre Lippen und gewährten meiner Zunge Einlaß. Ich muß gestehen, Corinna gefiel mir und reizte mich. Mein Schwanz schwoll in der Hose an, was meine Küsse nur noch leidenschaftlicher machte. Sie ließ alles mit sich geschehen. Da wurde ich dreister. Ich griff nach unten, öffnete meine Hose und holte meinen Schwanz heraus. Ich ergriff

Corinnas Hand und führte sie zu meinem steifen, harten, stehenden Schwanz. Corinnas Hand umklammerte ihn, und es war sehr angenehm.

Ich hob ihr langes Kleid etwas hoch und legte meine Hand zunächst auf ihre Wade. Dann ließ ich sie nach oben wandern. Sie preßte ihre Knie zusammen und behielt dabei meinen Schwanz in ihrer Hand. Ich ergriff ihr Handgelenk und bewegte ihre Hand an meinem Schwanz. Sie behielt diese Bewegung auch bei. Immer schneller schob sie die Vorhaut vor und zurück. Ab und zu streichelte sie mit einem Finger auch über die Kuppe meiner Eichel, über die empfindliche kleine Öffnung, aus der – so fühlte ich – schon die ersten Tropfen des Liebestaus sickerten.

Unter meinen Küssen lockerten sich auch Corinnas Knie. Zwar hielt sie ihre Oberschenkel noch immer zusammen, doch ihr Druck war nicht mehr so stark, so daß ich meine Hand langsam doch in die Richtung schieben konnte, wo ihre Oberschenkel in ihrer Spalte endeten. Endlich erreichte ich auch diese Stelle, doch ein enger Slip versperrte mir den Weg.

Durch den Stoff dieses Slips streichelte und rieb ich jetzt Corinnas Schamlippen, was sie mit ziemlich lautem Stöhnen begleitete; ihre Beine öffneten sich wie von selbst, und der Slip begann feucht zu werden. Ich schob den Zwickel zur Seite, und nun erreichten meine Finger endlich auch ihre Schamlippen. Ihr Schamhaar war seidig, ihre Schamlippen waren warm und feucht. Ein Finger schlüpfte jetzt in die warme Höhle ihrer Scheide, und Corinna wichste jetzt meinen Schwanz.

Meine Natur brach mit mir durch. Ich wußte nicht, ob Corinna gröbere Ausdrücke gewohnt war, und auch nicht, wie sie auf solche reagieren würde, doch ich konnte mich nicht zurückhalten. »Corinna, ich möchte dich ficken!« brach es aus mir hervor.

Zu meiner Überraschung schob Corinna ihre Zunge tief in meinen Mund, dann löste sich ihr Mund von meinem und sie sagte: »Ja, ja fick mich! Ich will es auch! Ich brauche es auch!«

Ich weiß nicht, wie wir uns aus den Kleidern schälten. Wir lagen dann plötzlich auf dem Teppich; Corinna spreizte ihre hochgezogenen Beine und ich steckte meinen Pimmel tief in ihr wartendes Loch.

Corinna hatte eine sehr warme, seidige und sehr feuchte Fotze; ich genoß die Berührung ihrer Scheidenwände mit meinem Pimmel und begann, sie heftig zu ficken. Sie schob mir ihr Becken entgegen und fickte genauso wild wie ich. Sie schien sehr ausgehungert zu sein, denn nach kaum zwanzig Stößen bekam sie ihren ersten Orgasmus. Ich kam auch ziemlich schnell, doch Corinna hatte bis dahin mindestens vier Abgänge, bei denen sie immer sehr laut wurde. Als sie spürte, daß aus meinem Pimmel der Samen mit vehementer Kraft in ihre Fotze spritzte, drückte sie ihr Becken an mich und schrie: »Ja, spritz es mir rein! Ah, wie du spritzt. Ah, dein Pimmel ist so süß!«

Es dauerte etwas, bis die Härte meines Kolbens nachließ und ich ihn aus Corinnas Leib herauszog.

»Komm mit mir«, sagte Corinna und zog mich, nachdem wir unsere Kleider aufgesammelt hatten, an der Hand in ihr Zimmer.

Wir warfen uns auf das Bett, und ich begann, Corinnas Körper zu liebkosen. Das gab mir auch die Möglichkeit, ihren Körper in Augenschein zu nehmen. Sie hatte schöne, schlanke Beine. Bei deren Quelle zierte ein leichter, flaumartiger Haarwuchs den Venusberg, unter dem mir ihre glattrasierten Schamlippen ins Auge fielen. Sie hatte unglaublich lange Schamlippen, sie waren mindestens zwölf Zentimeter lang. Man hätte glauben können, daß sich zwischen diesen großen und wulstigen Lippen eine breite Vagina befindet. Doch dem war nicht so. Corinnas Scheide war erstaunlich eng, sie umhüllte den Schwanz wie ein saugender Mund. Ihre inneren Schamlippen waren auch sehr lang, und als ich sie auseinanderzog, wurde der schmale Eingang zu ihrer Grotte sichtbar. Ich drückte meinen Mund auf diese sonderbare Fotze und begann, sie zu lecken. Corinna wand sich in Krämpfen. Sie war außerordentlich geil und kam in sehr kurzen Abständen mehrmals hintereinander.

»Ich kann unendlich viele Orgasmen haben«, erklärte sie später, »fünfzig, achtzig oder noch mehr. Wenn ich einen Partner habe wie dich. Leider muß ich mir die Lust meistens alleine verschaffen.«

Corinna wurde unter meiner leckenden Zunge ganz wild. »Komm, gib mir deinen Schwanz«, sagte sie, »ich will ihn auch im Mund haben.« Und sie blies meinen Schwanz mit einer Virtuosität, daß ich befürchtete, gleich abzuspritzen.

»Komm, Corinna, ich will deine Fotze haben. Ich muß dich jetzt ficken, sonst platzen meine Eier!« sagte ich und legte sie auf den Rücken. Gierig zog Corinna meinen Schwanz zu ihrer Ficköffnung, und wir fickten los. Es war unbeschreiblich schön, sie zu fikken. Sie war eine völlig ausgehungerte Frau, leidenschaftlich, geil, wie man es sich nur wünschen kann. Wir fickten fast die ganze Nacht miteinander und ich mußte dabei daran denken, daß Bill wahrscheinlich zu selben Zeit seinen Pimmel in meine Frau steckt. Dieser Gedanke erregte mich sehr, was aber Corinna der Wirkung ihrer Reize zuschrieb.

Als wir so erschöpft waren, daß unsere Körper keine Säfte mehr produzieren konnten, legten wir uns auf ihr großes Bett und unterhielten uns. Corinna erzählte von ihrem Leben mit Bill, der sich ihr gegenüber immer ritterlich benahm und auch für ihr leibliches Wohl sorgte, indem er ihr alle sexuellen Freiheiten ließ, doch er selbst gab ihr sexuell zu wenig. Corinna wußte auch, daß ihr Mann sie ständig betrog, daß Alice seine Tochter ist, daß er sie fickte und auch, daß ich davon weiß. Sie war eine heißblütige Frau, die sich aus solchen Lappalien nichts machte. Hätte ich Alice nicht und vor allem meine geliebte Mutter, wäre sie für mich eine ideale Geliebte. Auch so habe ich mich entschlossen, sie ab und zu zu besuchen, teils um Bill zu entlasten, teils, weil sich mein Schwanz in ihrer Fotze außerordentlich wohl fühlte.

Corinna war ganz offen. Sie erzählte mir von ihrer Jugend, von ihren unzähligen Affären, und sie zeigte mir sogar den Vibrator, mit dem sie ihre einsamen Stunden zu versüßen pflegte. Wir probierten das gute Stück auch aus, was unser Blut erneut in Wallung brachte, und so fickten wir erneut, bis wir völlig ausgelaugt und erschöpft einschliefen.

Die Sonne stand schon hoch am Himmel, als ich aufwachte. Ich habe mich im Betrieb verspätet, aber ich war der Direktor, keiner konnte mir Vorwürfe machen. Abends dann, als mein Eheweib Alice nach Hause kam, habe ich ihr alles erzählt. Sie erzählte auch, wie sie mit ihrem Vater gefickt hat.

Es war dann endlich soweit, Mutter kam nieder. Es hat viel Mühe (und viel Bestechungsgelder) gekostet, daß ich bei der Geburt dabei sein konnte, aber ich wollte das nicht missen und meine Mutter auch nicht. Fred wollte nicht dabei sein, und obwohl er sich wunderte, daß Mutter gerade ihren Sohn dabei haben wollte, machte er keine Schwierigkeiten.

Die Geburt dauerte viereinhalb Stunden. Ich hielt Mutters Hand und wischte den Schweiß von ihrer Stirn. Ich litt mit ihr, ihre Schreie haben mein Herz zerrissen. Doch dann war das Baby endlich da: Ein bildschönes, kleines, gesundes Mädchen. Es wurde Mutter auf die nackte Brust gelegt, und Mutters Gesicht strahlte vor Glück. »Küß deine kleine Schwester«, sagte sie, und ich berührte das winzige lebendige Kind mit meinen Lippen. Bei diesem Kuß vibrierte mein ganzes Herz.

Nachdem Mutter und das Baby versorgt waren, sollte man sie allein lassen, damit sie sich ausruhen kann. Mir wurde auch gesagt, ich soll weggehen, doch Mutter bat darum, noch fünf Minuten mit mir allein sprechen zu können. Sobald wir allein waren, sagte sie: »Küß mich, mein Herz!« Ich küßte sie auf den

Mund. Sie sagte dann leise: »Wir haben ein Mädchen! Du mußt sie so lieben, wie ich dich immer geliebt habe. Wirst du sie so lieben?«

»Ich liebe sie bereits jetzt, Mama«, sagte ich und sah, daß sie das glücklich machte.

»Vergiß nicht, mein Herz: Sie ist die Frucht unserer Liebe! Du mußt ihr ein guter Bruder, aber auch ein guter Vater sein!«

»Ich werde es sein, ich schwöre es dir, Mutter.«

Ich überspringe jetzt einige Jahre. Als Direktor der Firma war ich sehr eingespannt, mußte viel arbeiten. Bill übertrug mir immer mehr Aufgaben. »Wenn ich mal nicht mehr da bin, bist du der Besitzer. Du mußt dich um die Firma so kümmern, wie ich es immer machte, aber auch um Alice. Sie kann keine Kinder bekommen, sie hat nur dich. Und da ist auch noch Corinna. Sie soll alles haben. Ich liebe sie im Grunde, denn ich habe alles nur ihr zu verdanken. Sei lieb zu ihr, auch im Bett, wenn du kannst.«

Zwei Jahre später hat er seinen ersten Herzinfarkt bekommen. Er wurde zwar gesundgepflegt, seine alte Form hat er aber nicht mehr erreicht. Auch mit Alice schlief er nur noch sehr selten.

Meine kleine Schwester, Agnes, wuchs prächtig. Ich habe viel Zeit mit ihr verbracht. Sie hing sehr an mir, sogar mehr als an Fred, den sie für ihren Vater hielt. Fred wurde auch älter und dadurch nicht geselliger. Ich glaube, Mutter hatte nicht mehr viel Freude an ihrer Ehe. Doch für sie war ich immer da. Auch wir fickten seltener miteinander, aber um so leidenschaftlicher. Unsere Liebe verlor nicht an Intensität.

Aus Agnes wurde ein sehr hübsches Mädchen. Sie war mir wie aus dem Gesicht geschnitten, was Fred sichtlich störte, denn sie war ihm überhaupt nicht ähnlich. »Sie sind doch Geschwister«, sagte Mutter, um ihn zu beruhigen, »sie müssen sich ähneln.«

Alice war die einzige, die wußte, daß Agnes meine Tochter ist. Sie hat sie geliebt, weil Agnes ein Teil von mir war, so wie ich Agnes liebte, weil sie ein Teil meiner Mutter war. Und selbstverständlich ein Teil von mir. Ich verfolgte mit großem Interesse ihre Entwicklung. Ich half ihr bei den schulischen Aufgaben. Ich sprach mit ihr über Gott und die Welt und gab ihr auf alle ihre Fragen offene Antworten. Nur meine Liebe zu meiner Mutter, und daß sie meine Tochter ist, habe ich vor ihr verheimlicht.

Dennoch, mein überaus gutes Verhältnis zu Mutter fiel ihr doch auf. »Du liebst Mutter viel mehr als mich«, beklagte sie sich einmal.

»Nun, sie ist meine Mutter. Liebst du sie nicht auch?« fragte ich.

»Aber du küßt sie viel öfter als mich. Und du küßt sie auf den Mund, mich aber nie.«

Ich wollte ihr nicht erklären, daß ich in diesem noch so jungen Mädchen, gerade noch ein Kind, keine zu frühen Gefühle wecken wollte. Ich sagte nur: »Man küßt seine Geschwister nicht auf den Mund. Und ich wußte gar nicht, daß du es haben möchtest.« Und ich gab ihr einen leichten Kuß auf ihre Lippen. Es war eher ein Hauch als ein Kuß, doch es ging mir bis zum Herzen. Und dann erst, als sie darauf meinen Hals umschlang und ihren frischen, weichen, roten Mund fest auf meinen Mund drückte! Als sie dann auch mit ihrer kleinen Zunge meine Lippen berührte, schob ich sie sanft weg und gab ihr einen Klaps auf den Po. »Macht ein anständiges Mädchen sowas?« fragte ich und versuchte eine ärgerliche Miene zu machen. Sie steckte mir ihre Zunge raus und lief weg. Ich war froh, daß sie weg war. Mein Schwanz stand stramm, und ich hatte das Gefühl, daß er gleich platzen würde.

Als ich Mutter von dieser Sache berichtete, sagte sie: »Das ist der Ruf des Blutes. Sie ist noch zu jung, du darfst sie noch nicht pflücken. Aber einmal erblüht sie, und dann will ich, daß du der erste Mann in ihrem Leben wirst. Wenn Sie einmal heiratet, mußt du ihr ein Kind machen, damit unsere Liebe in ihr weiterlebt. Mach ihr einen Sohn. Bis dahin wird sie alles über uns und unsere Liebe wissen, und sie wird auch wissen, daß sie nie mehr allein sein wird. Sie wird einen Sohn haben, den sie genauso lieben wird, wie ich dich liebe.« Dann griff sie mir an die Hose. »Ich merke schon, das kleine Luder hat dich mächtig erregt. Komm«, holte sie meinen Schwanz aus der Hose, »steck ihn mir rein. Du hast es sehr nötig und ich auch.«

Ich habe den Fick mit ihr sehr genossen, aber auch sie schwebte im siebten Himmel.

Agnes entwickelte sich zu einer blühenden Rose. Sie war schon siebzehn, und sie wurde Mutter immer ähnlicher. Manchmal wußte ich wirklich nicht, welche der beiden ich mehr liebe. Mutter gab mir außer ihrem Herz auch ihren Körper. Aber auch Agnes hatte ihren festen Platz in meinem Herzen. »Sie masturbiert schon«, berichtete mir Mutter frohlockend.

»Woher weißt du das?« fragte ich sie. »Was glaubst du, nur du kannst durch das Schlüsselloch spähen?« fragte Mutter, und sie lächelte schelmisch. Ich küßte ihr lächelndes Gesicht.

»Außerdem«, fuhr Mutter fort, »habe ich sie aufgeklärt und ihr gezeigt, wie sie sich streicheln soll, um größeren Genuß zu haben.«

Ich starrte Mutter an: »Du hast es ihr gezeigt? Wie hast du es ihr gezeigt?«

»Na so«, sagte Mutter und setzte sich auf das Bett. Sie zog ihren Slip aus, machte die Beine breit und begann, sich vor meinen Augen zu befriedigen.

»Außerdem habe ich sie auch gestreichelt. Ich will nicht, daß ihre Sexualität verkümmert. Sie soll sinnlich sein und das Leben genießen.«

»Du hast mit ihrem Fötzchen gespielt?«

»Natürlich! Oder erinnerst du dich nicht, daß ich auch mit deinem Schwanz gespielt habe, als du es so sehr brauchtest?« Mir fiel wieder ein, wie ich im hohen Fieber lag und Mutter sanft meinen Schwanz streichelte, um mir Erleichterung zu verschaffen.

Die Ehe meiner Mutter kühlte sich immer mehr ab. Sie erzählte, daß Fred kaum noch mit ihr schläft. Auch das Verhältnis zwischen Agnes und Fred war nicht das beste. Fred dirigierte das Mädchen, gab ihm keine Wärme, und er sah Agnes auch manchmal mit seltsamen Augen an, was Mutter überhaupt nicht gefiel. »Ich schneide ihm den Pimmel ab, wenn er sie nur anrührt!« sagte sie wütend.

»Mama, er ist auch ein Mann«, versuchte ich sie zu

besänftigen. »Auch er sieht, daß sie schöne Brüste und einen wunderschönen Arsch hat. Das ist nur Vaterstolz, er würde sie doch nicht berühren!«

»Ich würde ihn kalt machen«, sagte Mutter, und ich mußte sie ins Bett tragen (ich war immer noch sehr stark), um sie auf andere Gedanken zu bringen. Ich erzählte ihr, daß Agnes auch mir bezüglich Sexualität Fragen stellte, und daß ich sie nicht mit dem Märchen über die Blume und das Bienchen abgespeist habe.

Eines Tages aber kam die Tragödie. Agnes rief bei mir im Betrieb an: »Ben, komm sofort, hier ist die Hölle los!«

Ich sprang in den Wagen und raste zu Mutter. Der Anblick, der mich empfing, war nicht erfreulich: Zerbrochener Spiegel, zerbrochene Fensterscheiben, ein kaputter Stuhl und überall zertrümmertes Porzellan auf dem Boden. Mutter stand mitten in dieser Verwüstung, und ihr Gesicht war knallrot vor Empörung.

»Was ist hier los?« fragte ich.

»Was los ist?«, zischte Mutter, »Ich habe diese Scheiße, diesen Schwanz rausgeschmissen! Dieses Tier! Dieses Schwein! Krepieren soll er!«

Es dauerte eine ganze Weile, bis sie sich soweit beruhigt hatte, daß ich mit ihr vernünftig reden konnte. Es stellte sich heraus, daß Mutter schon seit einiger Zeit beobachtet hatte, daß Fred ein Auge auf Agnes warf. Er schaute sie immer mit so gierigen Augen an. Er versuchte oft, sie zu berühren, ihr über den Po zu streicheln oder ihr an den Busen zu greifen. Er tarnte es als ‚Spiel', aber Mutters Augen wachten darüber.

»Ich habe diesen Pimmel öfter ermahnt, er soll sie

in Ruhe lassen. Im Bett war er ein Waschlappen geworden, er soll sich nicht an einem Kind vergreifen.«

»Sie ist kein Kind mehr«, sagte ich.

»Aber ich gebar sie nicht für ihn. Ich bestimme, wer sie berühren darf und wer nicht!«

»Und was war heute?« fragte ich.

»Was war?« Mutters Gesicht begann wieder, rot zu werden. Sie sah aus wie eine Tigerin, die ihren Nachwuchs beschützt. »Das Schwein hat ihr unter den Rock gegriffen! Das Schwein hat ihr an die Fotze gefaßt! Aber ich habe es ihm gegeben!«

Langsam entwickelte sich das Bild vor mir. Mutter und Agnes sprachen gleichzeitig. Es war also so: Fred wollte wieder ‚scherzen'. Doch diesmal ging er zu weit. Er griff Agnes unter den Rock und faßte ihr tatsächlich zwischen die Beine. Agnes erzählte, daß er es schon öfter mal versucht hatte, und es war Agnes zuwider. Sie hat regelrecht Angst vor Fred gehabt. Diesmal ist es ihm gelungen, sie an das Fötzchen zu fassen, was Agnes mit einem Aufschrei quittierte, und vor ihm weglief.

Mutter sah die Attacke, und das erste war, daß sie den Stuhl auf Freds Rücken zerbrach. Dann warf sie nach ihm mit allem, was sie nur in die Hände kriegen konnte. Fred rannte mit blutendem Kopf weg, und Mutter rief ihm nach, daß er sich hier nie mehr blikken lassen darf, und daß sie sich scheiden läßt.

Die Scheidung fand tatsächlich in Kürze statt. Fred zog zu einer Frau, mit der er, wie es sich herausstellte, schon länger ein Verhältnis hatte.

»Gott sei Dank«, sagte Agnes, »er ist weg. Ich brauche ihn auch nicht mehr. Ich habe Mutter und dich. Und euch liebe ich.«

»Tu es! Ben, Tu es!« sagte Mutter. »Tu es, bevor es ein anderer tut!« Sie meinte damit, ich soll Agnes in die Liebe einführen. Nicht, daß ich das nicht gerne getan hätte! Ich hatte Lust auf diese blühende Rose. Ich hatte schon lange Lust auf sie.

Ich habe sie beobachtet, wie sie vom Kind zur Frau wurde. Ich sah ihre knospenden Brüste sich unter ihrem Pullover abzeichnen; ich sah, wie sich ihr Hintern unter dem Rock immer mehr wölbte. Ich war ihr großer Bruder, ihr Beschützer vor krakeelenden Knaben, vor angriffslustigen Hunden. Auch vor Fred, wenn er ihr im Zorn einen kleben wollte (wozu Agnes manchmal auch Anlaß gab). Ich war derjenige, der sich zwischen sie und Fred stellte, mit »Laß das Fred, ich werde mit ihr reden!« Und ich redete auch mit ihr, und auf mich hörte sie. Sie schätzte mich sehr, ihren ‚großen, starken Bruder‘, wie sie sagte.

Zu mir kam sie, wenn sie Kummer hatte. Sie setzte sich auf meinen Schoß und klagte über ihren kleineren oder größeren Sorgen. Ich tröstete sie, und ich schubste sie von meinem Schoß, wenn mein Schwanz unter der Weichheit und Wärme ihres Mädchenarsches steif wurde. Wie oft verspürte ich die Versuchung, meinen dick gewordenen Schwengel zwischen diese weiße Schenkel zu stecken, die unter ihrem Rock blitzten. Ich sah sie auch baden; vor mir hatte sie keine Scheu. Ich bedeutete ihr mehr als ihr vermeintlicher Vater, zu dem sie nie ein gutes Verhältnis hatte. Mit einem Wort, ich mußte mich manchmal mit voller Willenskraft zurückhalten, weil sie ja noch ein Kind – mein Kind – war. Ich vergreife mich nicht an einem Kind, an meinem eigenen schon gar nicht.

Und jetzt sollte ich meine Einstellung plötzlich ändern, eine Kehrtwendung um hundertachtzig Grad machen: Ich wußte, daß Mutter es gut mit uns meinte. »Schau mal«, sagte sie, »Agnes ist kein Kind mehr. Sie ist eine erwachsene Frau, mit allen Fähigkeiten und Sehnsüchten. Und sie hat meine Natur geerbt. Ich beobachte sie. Ich habe von dir gelernt, durch das Schlüsselloch zu spähen. Ich sehe, wie sie sich stundenlang befriedigt. Sie kann ihre Triebe nicht mehr im Zaum halten. Sie wird sich dem ersten Mann hingeben, der seine Hand nach ihr ausstreckt. Und dann ist Schluß mit unserer Liebe. Ich will, daß unsere Liebe zu einer ewigen Liebe wird, die an die Kinder und Kindeskinder weitergegeben wird. Ich habe diese Liebe von deinem Vater bekommen, ich habe sie an dich weitergegeben. Du mußt sie jetzt an deine Tochter weitergeben, damit sie sie an ihrem Sohn weitergibt. Nur so bleibt unsere Liebe ewig bestehen. Oder war alles umsonst? Willst du, daß unsere Liebe endet?«

Ich lag mit ihr im Bett. »Öffne dich für mich, Mutter«, sagte ich und drang in sie ein. »Komm, ich will nur still in dir sein und dich spüren. Ich werde es tun, Mutter, ich werde es tun!«

Mutter streichelte über mein Gesicht, dann begann sie, ihre Hüfte langsam zu bewegen. Ich übernahm ihren sanften Rhythmus, und wir sprachen über nichts mehr. Wir fühlten nur eine unbeschreibliche Liebe.

Am nächsten Abend ging ich zu Mutter. »Agnes sitzt in der Badewanne«, sagte sie. »Geh zu ihr.«

Ich trat in das Badezimmer ein. Agnes hob ihre Hände schützend vor ihre Brüste. »Was ist los, Agnes?« schaute ich sie lächelnd an. »Seit wann schämst du dich vor mir? Ich habe dich nackt gesehen in dem Moment, wo du geboren wurdest. Und seitdem bestimmt tausendmal.«

»Aber ich bin kein Kind mehr«, sagte Agnes, doch sie nahm ihre Hände von den Brüsten, die mich jetzt wie zwei wunderbare Äpfel anschauten. Mir wurde plötzlich warm. Ich setzte mich an den Rand der Badewanne. Agnes hatte keinen Badezusatz, ich sah ihren Körper durch das klare Wasser. Ihre Schamhaare waren dunkel wie die unserer Mutter.

»Ich weiß, daß du kein Kind mehr bist«, sagte ich. »Das ist nicht zu übersehen.« Mit einer Hand streichelte ich über ihre Brust. Agnes zuckte zusammen. »Du brauchst schon einen Mann«, fuhr ich fort, »der mit deiner Weiblichkeit auch etwas anfangen kann.« Dann, nach eine Weile: »Du bist schön, Agnes. Du bist sehr schön!«

Agnes errötete. Instinktiv spürte sie, daß dies nicht die Worte ihres Bruders, sondern die eines Mannes waren. Ich streichelte ihr Gesicht, und sie legte es auf meine Hand. Ich griff nach der Handdusche und drehte sie auf. Ich prüfte mit meiner Hand die Temperatur des Wassers, dann versuchte ich, Agnes' Beine zu öffnen. Sie wehrte sich, doch es gelang mir, ihre Schenkel voneinander zu trennen. Ich steckte die Handbrause zwischen ihre Schenkel und richtete den

Strahl direkt an ihre durch ihr dunkles, aber dünnes Haar beschattete Spalte. Agnes schloß die Augen und lehnte den Kopf nach hinten. Ich drehte das Wasser auf, so daß es mit gewaltiger Stärke aus der Handbrause sprudelte. Mit der freien Hand griff ich in das Wasser, und mit zwei Fingern teilte ich Agnes' Schamlippen. Agnes stöhnte.

»Erregt dich das?« fragte ich. Agnes nickte nur. Dann schaute sie auf, und ihre Augen richteten sich auf die Beule in meiner Hose. »Du bist auch erregt«, sagte sie dann. Ich griff in die Wanne und holte Agnes aus dem Wasser. Ich trug sie in meinen Armen in ihr Zimmer, das früher mein Zimmer war, und legte sie auf das Bett.

»Deine Kleider sind ganz naß geworden«, sagte Agnes und versuchte, mit einer Hand ihren Venushügel zu bedecken. »Macht nichts«, erwiderte ich, »ich lege sie ab.« In zehn Sekunden war ich nackt. Agnes hat mich zum ersten Mal nackt gesehen, und sie schloß die Augen nicht. Mein sehr erregter, stark erigierter Penis ragte rot und glühend in die Höhe. Ich legte mich neben sie. Mein Herz pochte, und ich sah, daß sich Agnes' Brust hob und senkte. Ich drückte meinen Mund auf ihre Lippen. Agnes ließ sich küssen, doch sie hielt ihre Lippen geschlossen. Meine Zunge drang in ihren Mund. Nur langsam öffneten sich ihre Lippen, und es kostete einen kleinen Kampf, bis ich auch die Barriere ihrer Zähne überwand. Doch dann traf sich meine Zunge mit ihrer. Agnes umklammerte mit beiden Armen meinen Hals und drückte ihren jungfräulichen Körper an mich.

Lange streichelte ich ihren Körper; ihren Busen, ihren Bauch, die Innenseiten ihrer Schenkel, bis meine Hand schließlich ihre Scham umklammerte.

»Was machst du mit mir, Ben?« flüsterte sie. »Wir dürfen das nicht machen!« Statt einer Antwort erreichte mein Finger ihren Kitzler und begann, ihn zu streicheln. »Ah, ah, ah«, stöhnte Agnes. Ihr Becken bewegte sich gegen meinen Finger. Ich ergriff ihre Hand und legte sie auf meinen Schwanz. Erst streichelte sie meine Erektion, dann umklammerte sie den steifen, harten Kolben. »Wir dürfen das nicht machen«, stöhnte Agnes, »du bist mein Bruder!«

Ich schloß ihren Mund mit meinem Mund. Unsere Zungen trafen sich. Ich wälzte mich über sie und trennte ihre Schenkel, damit ich zwischen ihnen Platz nehmen konnte. Die Spitze meines Schwanzes berührte ihre Spalte. »Nein!«, sagte Agnes, aber sie wehrte sich nicht.

Ich trennte ihre Schamlippen mit meinen Fingern. Langsam sank meine Eichel zwischen diese wunderbaren, vom Tau des Verlangens feuchten Rosenblätter.

»Wir dürfen das nicht!« sagte Agnes, aber sie wehrte mich nicht ab.

»Mein Herz, ich werde dir jetzt weh tun«, stammelte ich. »Aber ich werde aufpassen, damit es dir nicht allzu sehr weh tut«. Millimeterweise versank mein Schwanz in ihrem Kelch, bis ich auf den Widerstand traf. Da drückte ich ihn mit einem Ruck durch.

Agnes schrie auf. Ich saß ganz tief in ihr. Ich bewegte mich nicht. »Habe ich dir sehr weh getan?« fragte ich. »Nein«, antwortete Agnes, »es war nicht sehr schlimm. Ich habe es mir viel schlimmer vorgestellt.«

»Tut es dir noch weh?« wollte ich wissen und begann, meinen Schwanz in ihr ganz leicht und sanft zu bewegen. »Nein, nicht mehr«, sagte Agnes. Ich begann, sie langsam zu ficken, während mein Mund ihr Gesicht, ihren Hals und ihre Brüste mit tausend Küssen bedeckte. Agnes lag erst bewegungslos unter mir, doch dann begann auch sie, ihr Becken zu heben. Ihr Gesicht glühte, sie drückte ihre Wange gegen mein Gesicht, dann suchten ihre Lippen meinen Mund. Sie stöhnte in meine Mundhöhle. Ich versuchte, sie so sanft zu ficken, wie es nur ging, doch sie steigerte das Tempo ihrer Beckenstöße. Sie kam richtig in Fahrt, sie war sehr erregt. Ihr Stöhnen und Jauchzen wurde immer stärker, immer lauter, und schließlich erreichte sie den ersten Höhepunkt. Ich spürte, wie sich ihre Scheide weitete und mit Feuchtigkeit füllte.

Ich blieb unbewegt liegen, um ihren Orgasmus ausklingen zu lassen. Erst als sie sich wieder bewegte, setzte ich meine Stöße fort. Agnes schien den Fick zu genießen. Sie küßte mich heftig und fickte mir entgegen. Es begann nun auch, in meinen Eiern zu kochen. Ich spürte das Sperma in mir aufsteigen, und als Agnes' Lust in einem neuen Orgasmus kulminierte, ließ auch ich meinem Samen freien Lauf und spritzte ihn in die Scheide meiner kleinen Schwester. Wir blieben nebeneinander liegen. »Ich liebe dich, Agnes«, sagte ich und sie echote: »Ich liebe dich, Ben!«

Plötzlich stand Mutter in der Tür. Sie sah uns mit strahlenden Augen an. Agnes zuckte zusammen, als sie Mutters Gestalt erblickte, und zog die Decke über ihren nackten Körper. Mutter trat glücklich lächelnd an unser Bett.

»Mutter, ich habe mit ihm geschlafen«, sagte Agnes plötzlich und schien ganz unglücklich zu sein.

»Ist ja gut«, sagte Mutter.

»Aber ich habe mit meinem Bruder geschlafen«, jammerte Agnes jetzt.

»Das ist schön«, sagte Mutter, »ich freue mich.« Sie ließ ihr Kleid fallen und stand nun nackt vor unserem Bett. Sie legte sich zu uns. Sie beugte sich über Agnes und küßte sie. »Du hast mit deinem Bruder geschlafen und mit deinem Vater geschlafen«, sagte Mutter.

»Nein, mit Vater nicht!« verteidigte sich Agnes.

»Doch«, sagte Mutter. »Ben ist dein Bruder und dein Vater. Er ist dein richtiger Vater, nicht ... Fred!«

Agnes war ganz verwirrt. »Wie kann er mein Vater sein? Er ist mein Bruder! Und er ist dein Sohn! Er kann nicht ...«

»Doch«, sagte Mutter. »Ben ist mein Sohn und mein Liebhaber. Wir lieben uns. Er hat dich gezeugt.«

»Wie?« weiteten sich Agnes' Augen. »Du und Ben?«

»Ja, so ist es, mein Kind. Ben ist mein Sohn und mein Geliebter. Er ist dein Bruder und gleichzeitig dein Vater. Wir schlafen miteinander«, sagte sie noch, und dann zog sie mich auf sich. Ich versenkte meinen Schwanz vor Agnes' Augen in die Scheide unserer Mutter. Ich fickte sie vor Agnes' Augen. Als ich mich in Mutters Leib entlud, neigte ich meinen Kopf zu Agnes und küßte sie auf den Mund.

Mutter erzählte Agnes alles. Sie sagte, daß Agnes die volle Freiheit hat, auch mit anderen Männern zu schlafen, wenn sie will, und auch zu heiraten, wen sie will. Aber sie darf auch mit mir schlafen, und sie sollte von mir einen Sohn empfangen, der dann unsere Liebe weiterführen wird. »Du wirst mit deinem Sohn schlafen und von ihm ein Mädchen empfangen, das er dann auch befruchten wird, wie Ben dich.«

Wir verbrachten die Nacht zusammen, und ich fickte meine Mutter zweimal und Agnes auch zweimal. Es war eine wunderbare Nacht.

Mrs. Blake: »Wie ist die Situation jetzt?«

Ben: Ich habe eine größere Wohnung genommen und nahm Agnes und Mutter zu uns.«

Mrs. Blake: »Und wie läuft es jetzt bei Ihnen?«

Ben: »Ich ficke alle drei.«

Mrs. Blake: »Wie schaffen Sie das?«

Ben: »Ich ficke jede der drei etwa zweimal in der Woche. Das reicht ihnen, und es beansprucht meine Kräfte nicht über Maß.«

Mrs. Blake: »Dann sind Sie also zufrieden.«

Ben: »Ja, zufrieden und absolut glücklich!«

Mrs. Blake: »Also benötigen Sie keine psychiatrische Hilfe. Meine Arbeit ist ja überflüssig gewesen.«

Ben: »Überflüssig war sie nicht. Es tat mir gut, mich aussprechen zu können. Ich hätte noch eine Bitte ...«

Mrs. Blake: »Und das wäre?«

Ben: »Ich möchte Sie noch einmal ficken.«

Mrs. Blake: »Bei diesem Schwanz kann ich nicht widerstehen. Kommen Sie!«

ENDE